JN409483

대체로 맑음

대체로 맑음

박순희 지음

수필과비평사

| 책머리에

큰마음 먹고 살던 집을 고쳤습니다.

새집 짓는 것보다 헌집 고치기가 더 어렵다는 말을 귓등으로 들을 일이 아니었습니다. 나서 죽기까지 한곳에서만 살다간 사람이 어쩌다 전설처럼 있기는 하지만 대다수의 사람들은 자기에게 맞는 집을 찾아 여러 번 이사를 다니며 살기 마련입니다. 이사 다니는 것이 엄두 안 나서 집을 고치기 시작하기 전, 몇 년을 고심했습니다.

지금은 집에 대한 가치관이 제각각이지만 불과 얼마 전까지만 해도 백년대계를 운위하며 집을 지었습니다. 인생 백세시대의 절반을 넘은 지가 오래되었다고 그냥저냥 살고 싶지 않았습니다. 집을 고치는 동안 동공이 빛나는 글귀를 보았습니다.

정약용의 ≪重修挽日庵記≫를 곱씹어 봅니다.

> 열흘을 살다 버리는 게 누에고치 집이고 여섯 달 살다 버리는 집이 제비집이며 한 해를 살고 버리는 집이 까치집이다.
>
> 그 집을 지을 때 누에는 창자에서 실을 뽑고 제비는 침을 뱉어 진흙을 반죽하며 까치는 풀을 물어 나르느라 입이 헌다.

열흘은 누에의 생의 전부이며 제비는 육 개월이 한평생이겠지요. 까치는 한 해가 일평생이겠네요. 미물도 제 한 몸 의지할 집을 위해 제 역량과 그들만의 특유한 건축술을 발휘해 집을 지어가는 과정이 놀랍습니다. 창자에서 실을 뽑는 일과 침을 뱉어 진흙을 반죽하는 일이며 입이 헐어 피를 흘리면서 지푸라기와 풀을 물어 나르는 일이 내 사유의 집을 짓는 일이라면 기꺼이 감내하는 것이 독자들에 대한 예의라고 생각합니다.

아직도 어설픈 글들을 모아 두 번째 수필집을 묶었습니다.

인쇄 냄새 확 풍겨오는 신문도 종이책도 사이버 시대엔 낡은 무기임이 분명하지만 아직도 나를 포함하여 낡은 것의 가치를 생각하는 독자들이 있어 용기를 냅니다. 단 한 줄의 내 글이 감동을 줄 수 있다면 더없는 보람으로 여기겠습니다.

책이 되어 나오도록 섭리하신 하나님께 영광을 올려드리며 졸고의 편집을 맡아주신 선생님께 머리 숙여 감사드립니다. 내 글의 첫 번째 독자이며 글을 쓰도록 등을 떠밀어 준 남편에게 고마움을 전합니다.

2016. 10. 23.

귀뚜라미가 우는 밤에 박순희

| 목차 |

1부

2부

3부

4부

5부

6부

1부

힐링 봄 마중

내가 속해 있는 단체에선 새해가 되면 일찌감치 1박 2일 단합대회를 갖는 게 연례행사가 된 지 오래되었다. 이번에는 회장 댁으로 가기로 했다.

회장을 비롯하여 승용차 한 대로 선발대가 진안 안천으로 출발했다. 우리는 모처럼의 나들이에 마음이 들떠서 시끌벅적한 사이 말이 두 귀를 쫑긋 세운 형상의 마이산이 불쑥 나타났다. 말의 귀만 보아도 히-잉 하고 힘찬 소리를 내지를 것 같다.

아직은 속살이 훤히 보인 골짜기들이 등을 맞대고 볕 바라기를 하고 있다. 햇살이 나목들의 은밀한 곳까지 비추고 있어 오동

통 물이 오른 가지가 아련해 보인다. 회초리 같은 가지 하나만 보면 일정한 간격으로 겨울눈이 붙어 있어서 앙상함을 상쇄시켜 준다. 골짜기마다 어깨동무를 하고 스크럼을 짜고 있는 나무들이 목장의 울타리같이 키를 맞춘 게 신기하기만 하다. 토양이 같고 환경이 같으니까 생장 속도가 같기도 하겠지만, 나무들도 상생하기 위해서 키를 맞추며 모진 겨울바람을 이겨내기 위한 생존전략을 가지고 있다는 사실에 무릎을 친다. 겨울눈을 달고 서 있는 무수한 나뭇가지가 어우러져 이내 낀 것처럼 아련한 수묵화를 펼쳐 놓았다. 골짜기마다 겨울을 넘긴 나무들의 위대한 동행을 나는 보았다.

회장 댁 시골집은 용담 호수 언저리에 걸터앉아서 얼음 풀린 용담호의 물비늘과 까막까치 우짖는 소리에 손장단을 맞추고 있었다. 용담호를 코앞에 두고 언덕 위로 봄의 전령 버들강아지가 빈 화단을 넘겨다보며 솜털 보송보송한 소년의 얼굴로 눈인사를 한다. 미안한 마음을 누르고 한 가지 꺾지 않을 수 없었다. 보일러를 틀어놓고 우리는 호숫가로 산책을 나갔다. 상류 쪽이라 물 빠진 호수바닥까지 자박자박 걸어 들어갔더니 깨진 유리조각 같은 얼음이 밟힌다. 하얀 모래 위로 맑디맑은 물이 조잘댄다. 손을 담가 물을 떠 본다. 아직은 물이 차다. 저만치 정물처럼 서 있는 백로와 물오리 몇 마리 앞에 조약돌 하나를 던지며 신고식을 했다. 동심원을 그리며 물무늬가 내게로 퍼져온다.

한적한 시골길을 다시 산책하기 시작했다. 밭고랑 어디에 냉이가 없나 하고 기웃거렸다. 시골이라고 아무 밭에나 냉이가 있는 것은 아니다. 호숫가에 심겨진 수양버들은 푸르스름한 빛을 머금어 서기瑞氣를 띤다. 산비탈의 나무들과는 다른 빛깔이다. 분명한 봄빛이 거기 머물러 있어 우린 일제히 탄성을 질렀다. 가로로 늘어서서 한참을 걸어도 차 한 대 오지 않는 한적한 신작로에서 우리들의 이야기 소리, 웃음소리가 맑은 음향으로 울려 퍼진다. 앞서간 친구 하나가 냉이 밭을 발견했다고 소리친다. 정월 보름 안에 냉잇국 세 번을 먹으면 보약 한 제와 맞바꾼 것과 같단다. 칼 가진 사람이 나하고 두 사람뿐이다. 산삼 발견이나 한 듯 반가운 마음이다. 양지쪽은 흙이 푸석푸석해서 칼 없는 친구도 거들 수 있었으나 음지쪽엔 아직 녹지 않아 언 땅을 칼로 후볐다. 시골 출신이라 봄이 되면 한 번만이라도 나물을 캐고 싶다. 자연 속에 동화된 그 느낌과 정서를 소중하게 여기기 때문일 게다. 마음 맞는 친구와 나물 캐는 평화스런 모습의 추억과 대면하는 이 기쁨!

겨우내 움츠렸던 메마른 정서에 힐링 효과 만점이다.

셋이서 수고한 덕분에 비닐봉지 두 개를 꽉 채웠다. 되돌아오다 보니 후발로 온 봉고차가 마당에 도착해 있는 게 멀리 보인다. 걸음을 재촉하여 반갑게 맞이하고 냉이 보따리를 풀었다. 냉이뿌리가 삼 꺼풀같이 심란하고 보잘것없지만 다듬는 손이 많으니 제 빛깔을 되찾자 상품商品이 되었다. 역시 사람 손이 보배다. 아무리 하찮은 것이라도 정성을 들이고 의미를 부여하면 예술이 되고 작품이 된다는 진리를 체득한다.

저녁상에 오른 상큼한 냉잇국으로 입 안 가득 봄 향기를 마신다. 이튿날은 무주리조트의 곤도라를 타고 향적봉을 오르기로 했다. 진안 안천에서 출발할 때는 날씨가 화창했다. 무주로 갈수록 기온이 심상치 않다. 눈발도 날린다. 막상 곤도라를 타고 중턱에 내리니 눈보라가 지척도 안 보이게 몰아친다. 이곳은 완전히 겨울이다. 눈보라는 이내 순록의 뿔 같은 상고대로 아름다운 조화를 부린다. 아름다운 운치는 꿈길을 걷는 듯 나를 환상의 세계로 이끈다. 사진으로만 보던 상고대의 절경과 향기로운 이름의 향적봉을 정복하는 기쁨은 말해서 무엇하리. 시야가 좁아서 향적봉 안내판에 표시된 서해안이나 지리산 천왕봉과 덕유산 자락의 주름진 골짝들을 볼 수 없는 게 아쉬웠다. 모두 도중하차했지만 세 사람만이 끝까지 동행하여 향적봉을 정복했다는 사실이 뿌듯하고 등산에 대한 자신감을 불어준다. 봄 마중에 만난 상고대의 운치로 축 처졌던 마음이 힐링이 되어 새 힘이 솟는다.

공원의 사계四季

빨간 보도블록이 완만한 곡선으로 이어진 길을 나섭니다. 푸른 융단의 잔디가 조화로운 이 길을 걸으면 이상향에 든 듯 평화로워집니다.

일과처럼 도서관을 들락거릴 때가 있었습니다. 아직도 동장군의 기세가 꺾이지 않았는데 공원길을 지나칠 때면 느리고 더딘 가운데에도 봄이 오고 있음을 느낄 수 있었지요. 봄 햇살을 타고 온 남풍의 치맛자락에 숨겨진 생명력이 마술처럼 경이로움을 느끼게 합니다. 마른 나목의 가지에 무수히 매달린 갈색의 눈꺼풀을 비집고 푸른 잎들이 점점이 눈을 틔우고 있습니다. 신경세포처럼 뻗어있던 가지들에 푸르른 실루엣으로 어른거립니다. 마침내 무수한 이파리들이 나뭇가지를 가리면 훤히 드러나 보이던 공원길도 어느새 아늑한 오솔길이 됩니다. 늘어진 수양버들 밑을 지나칠 때마다 머리를 쓰다듬는 싱그러운 교감이 겨울 동안의 답답함을 날려주었지요.

공원 입구에 들어서면 게이트볼 장 곁에 시소, 자전거 등 운동기구가 설치되어 있어 새롭게 아침운동을 시작하기로 결심한 사람들이 운동기구마다 하나씩 차지하고 있었습니다. 그래도 한낮에는 운동기구들만 고즈넉합니다. 이즈음 배롱나무에는 작년에 맺었던 씨앗이 아직도 까맣게 붙어있는 채로 새로운 꽃송이가 청포도 숭어리처럼 맺혀 있다가 하나씩 꽃잎을 터트린 모습을 보았는지요. 마치 팝콘이 터지 듯 꽃분홍색 꽃잎이 톡톡 터진 장면이 너무 극적입니다. 여름의 신호탄인 양 백일홍이 피면 자귀나무의 분홍솜털 꽃잎이 시샘하듯 연지 솔처럼 피어나 운치를 더해주고 드디어 풀벌레들의 향연으로 여름밤이 깊어갑니다. 폭염이 작렬하는 한낮의 분수대엔 물대포 속으로 뛰어든 아이들의 즐거운 비명과 매미들의 합창이 공원을 뒤흔들지요.

도서관에서 책을 볼 때면 어디선가 종종 맹꽁이 울음소리가 들려 귀한 소릴 듣는다 싶었는데 언제부턴가 웅덩이를 파고 수초를 심어 맹꽁이 놀이터를 조성해 놓았더군요. 친절하게도 맹꽁이 소리 감상의 편의를 생각해서 맹꽁이 형상의 목각 구조물이랑 멋진 나무 데크 옆에 벤치도 설치해 놓았고요. 그런데 그 이후 막상 맹꽁이 소릴 들어본 적이 없었습니다. 도서관에 갈 때마다 관심을 가져 보지만 옛날보다 열심히 다니지 않아서 들을 기회가 적은 탓인지 모르겠으나 맹꽁이 소리가 잘 들리지 않아 걱정입니다. 어쩌면 그들은 사람들의 무관심 속에서 더 자유로웠는지 모릅니다. 요란스럽게 인위적으로 만든 방죽에 수련이나 수크령 등으로 시선을 끌어들이는 게 잘못이라는 생각이 듭니다. 잘하던 굿도 멍석 깔아주면 시들해진 격인가 싶지요. 십여 년 전만 해도 조용하던 공원이 노인인구가 급격히 늘어나 지금은 팔각정에 장기야 바둑이야, 노인들로 넘쳐나고 떠들어대니 제아무리 멋진 방죽을 제공해준들 맹꽁이들이 평화로울 리가 없겠지요.

도서관을 지을 무렵만 해도 막 조성한 공원이 지금처럼 요란스럽지 않았지요. 팔각정 마루도 휑하여 가을 하늘을 유영하던 고추잠자리가 쉬어 가곤했지요. 무성했던 잔디를 깨끗이 깎아 놓은 풀무더기에서 풀냄새가 향기로운 그런 날엔 공원벤치에 앉아서 풀냄새를 맡곤 했답니다. 풀 향기에 도취되어 얽매었던 현실을 잠깐 동안 잊어버리곤 했지요.

그 순간의 행복과 여유는 아무도 빼앗지 못하리라 생각했습니다. 생각해 보세요. 길을 가다가 잔디 향기에 도취될 수 있는 여유가 예사로운 일인가요? 바쁠 것도 쫓길 것도 없는 망중한忙中閑의 시간을 향유할 수 있다는 게 누구나 즐길 수 있는 호사는 아닐 것이라 생각합니다. 어떤 이에게는 아무것도 아닌 일이 내겐 행복의 조건이 될 수 있다는 소박한 내 성향에 감사합니다.

봄이 되면 나날이 푸르러가던 초목들이 삽상한 바람이 불어오는 계절엔 하루가 다르게 단풍으로 짙어갑니다. 온몸으로 땡볕을 견디다 지친 나뭇잎들이 갖가지 색으로 물들어 가는 풍경은 얼마나 아름다운지요. 커다란 은행나무는 손바닥만 한 노란 부채를 수없이 나부끼며 고별사를 읊조리지요. 공원 한쪽에 서 있는 진홍색 참빗살 나뭇잎이 시선을 붙잡습니다. 이제 아무리 고운 자태를 자랑하던 단풍잎들도 '아낌없이 주는 나무'가 되어 벗은 몸으로 겨울바람과 마주할 것입니다. 공원의 겨울나무는 꿈꿀 겁니다. 연록색의 잎을 틔우고 청춘과도 같은 여름날의 뜨겁던 사랑도, 완숙의 향기를 품었던 가을날의 실과들도, 모두를 내어주고 떠나는 추억을 음미하며 겨울의 은둔 속으로 묵묵히 걸어갑니다. 적막한 공원의 나목 위에 하얀 눈이 목화송이처럼 내려앉으면 아름다운 수묵화 한 장이 펼쳐집니다.

비 오는 날의 소고

하늘가 저 멀리 손톱만 한 회색 구름이 야금야금 기어오르더니 어느새 온 하늘을 점령하였다. 무시해도 좋을 손톱만 한 구름이 비구름을 몰고 올 줄은 아무도 모른다. 그것은 작은 나비 한 마리의 날갯짓이 태평양을 건너 태풍을 몰고 오는 나비효과에 견줄 수 있는 이야기가 아닐까. 여름날의 파란 하늘은 도화지와 같다. 한가로이 떠가는 구름은 저절로 그림이 된다. 양떼들이 노니는 목장이 되기도 하고 뭉게뭉게 피어나는 꽃구름이 되기도 한다. 그렇게 평화롭던 하늘에 바람이 일면 어느 구름에 비가 들어 있는지 모른다. 스산한 바람이 이리저리 뒹굴면 마음이 바빠진다. 들판으로 나간 아낙네도 소를 먹이던 아이도 종종걸음을 친다. 멍석에 널어놓은 빨간 고추를 긁어 담느라 부산하다. 바지랑이대를 내리고 빨래를 걷는다. 동동거리며 비설거지가 끝나기가 무섭게 후두둑 소리내며 빗줄기가 따라진다. 검은 구름이 갑자기 우르릉거리고 소나기를 퍼붓는다.

학교가 끝나고 집으로 가던 길이었다. 한 마장쯤 떨어진 언덕 너머로 소나기가 달려온다. 검은 먼지를 날리며 빠른 속도로 달려오고 있는 것을 보았다. 무섬증이 엄습한다. 막 뛰었다. 그러나 소나기가 지나가는 속도를 어떻게 이길 수 있겠는가. 비를 날로 맞을 수밖에 없었다. 내 기억으로 최초로 맞은 소낙비였다.

소나기는 피하라고 한다. 그러나 온몸으로 비를 맞아야 할 때가 있다. 햇볕이 쨍쨍 내리쬐는데 소나기를 만나리라고 생각이나 하겠는가? 그런 날 아무 준비 없이 소나기를 만나면 비 맞은 장닭 꼴이 될 수밖에 없다. 우산 하나를 지니라고 한 선인들의 지혜가 딱 들어맞는다. 거센 비바람을 몰고 온 소낙비! 일단 피하고 보라는 소나기지만 작은 우산 하나도 없을 땐 온몸으로 맞을 수밖에 도리가 없지 않은가. 피할 수 없는 소나기는 맞을 수밖에 없다. 바꾸어 말하면 인생 살면서 맞을 매라면 일찍 맞고 써야 할 돈이라면 잔꾀 부리지 말고 꼭 써야 한다.

인생에 홀연히 찾아온 소낙비! 걷잡을 수없는 소나기가 내렸던 인생의 소낙비를 생각해본다. 대체로 맑았다고 생각했던 건 부유하진 않았지만 극심한 빈곤을 느끼고 살아보지 않았기 때문일까. 하여 눈물 젖은 빵을 먹어보지 않았던 탓인지도 모른다. 대다수의 사람들이 풍요롭지 못한 시대에서 갖추어 진 건 없었다 해도 배고파 보지 않았던 것만도 감사할 일이지만 사람에 대한 상실감은 내 인생의 소낙비였다. 온몸으로 맞서야 할 절망적이던 때가 있었다. 그 슬픔의 세월을 어떻게 헤쳐 올 수 있었던가.

누구도 대신 맞아 줄 수 없는 나에게 쏟아지는 소낙비를 쫄딱 맞았을 때 그 시린 어깨를 기억하는가. 민망할 겨를도 없이 뼛속 깊이 스며오는 한기를 느끼며 턱이 떨리고 아래윗니가 부딪히는 소리를 들어본 적이 있는가. 그러나 소나기는 일시적이라는 사실을 잊지 않으리라. 젖은 몸을 씻고 옷을 말리고 태양의 반대편을 보라! 거기 일곱 빛깔 무지개가 있지 않은가. 소낙비의 고난을 견디기 위해선 시간이 필요하다. 소나기의 끝에는 반드시 태양이 있다는 걸 기억해야 하리라.

비교적 평탄한 인생을 살았다고 해도 지향 없이 빗속을 걷고 싶을 때가 있다. 혼자 우산을 받고 삼천천변을 걷는다. 우산 위로 떨어지는 빗소리는 콩나물 음표로 굴러 떨어진다. 세상의 잡다한 생각이 고요히 나와 마주한다. 체면에 걸린 듯 오해와 갈등과 번뇌가 사라지는 세계로 빠져들기를 바란다. 그러면 어느덧 평화로운 나의 세계로 도달하게 되리라.

세상의 온갖 소리를 잠식해버린 소낙비 소리를 들을 땐 젊은 나이가 아니어도 빗물인지 눈물인지 위장하고 싶은 때가 있다. 자빠진 김에 쉬어 가라는 속담에 기대어 소리쳐 울고 싶을 때가 있다. 소나기 소리에 묻혀 실컷 울고 나면 속이 후련해진다. 뜨거운 오열 속에 오래 묵은 카타르시스까지 씻겨나간다. 그때의 눈물 속에 함유된 염분은 단순히 0.9%의 생리식염수가 아니다. 눈물보다 진실한 언어는 없으며 눈물보다 순수한 연민은 없다. 가을비 우산 속에서 빗소리를 듣는다. 빗물인지 눈물인지 볼을 타고 흐른다.

꽃보다 호두

꽃을 좋아해서 봄이 되면 꽃집 앞을 서성이는 게 습관이 되었다. 예수병원 장례식장을 다녀오다가 꽃처럼 예쁜 다육이 세 종류를 샀다. 함께 간 권사님 몫까지 여섯 개나 샀는데 만 원도 안 들었다. 만 원도 안 들이고 이렇게 행복해질 수 있다니! 꽃을 나누면 경제원칙으로 따져도 가치가 크다는 생각이 새삼스럽다. 몇 년 전 지인의 집을 방문했을 때 주인으로부터 화분 한 개씩을 선물 받았을 때도 얼마나 행복했던가. 마침 그 생각이 났고 나도 나눌 기회가 왔다 싶었다.

봄이 오면 연례행사처럼 꽃집 순례를 하고 무슨 꽃이든 몇 가지를 사야 봄을 넘기게 되는데 올핸 다육이 사는 걸로 끝내게 될 건지 모르겠다. 세상 관심사가 모든 게 한때라는데 꽃 욕심이 조금씩 적어진 것 같기 때문이다. 화분도 그러구러 많아지니 관리하기가 어렵다는 생각이 든다. 꽃 욕심이 끝도 없을 것 같았지만 애지중지하던 꽃들을 많이 죽인 탓인지 모르겠다.

사람의 마음이란 참 요상한 것이다. 내게 없는 것에 대한 것을 갈망하다가 그것을 소유하게 되었을 때 한동안은 얼마나 행복했던가. 그 행복한 정서를 사랑땜이라고 하고 경제학에서는 한계효용 체감의 법칙이라고 한다. 아무리 값진 보석도 큰맘 먹고 장만할 땐 요리보고 조리보고 걸쳐보고 끼어보고 해 놓고 사랑땜의 기간이 지나고 나면 시들해져서 깊숙이 넣어놓고 까마득히 잊고 산다. 처음사랑이 식어지고 새로운 관심의 대상을 찾는다.

나무에 대한 남다른 철학을 가지고 계셨던 할아버지가 생각났다. 할아버지는 과수를 심으라 하셨다. 과수를 심어야 남에게 좋은 일 하신다고 생각하셨다. 아무리 남 좋은 일 한다 한들 우리 자손들이 더 많이 먹는다는 말씀이었다. 온갖 과일나무를 골고루 숭상하신 할아버지 덕분에 앵두, 복숭아, 능금, 배, 밤, 대추, 추자나무들이 있어서 부러울 게 없었고 먹을거리가 부족했다는 그 시대에도 풍요를 누렸다. 가을이면 감 수확을 많이 해서 곶감

깎고 관리하기가 거역이었다. 게다가 밤나무 산을 조성하여 밤을 따면 뒤란에다 땅을 파고 산더미만큼 묻어놓았다. 첫눈 올 때까지 가을걷이가 끝나고서야 알밤을 까기 시작했다. 농촌에서는 모든 게 풍요로운 대신 아이들도 놀 새가 없다. 일 많은 게 언제나 불만이었다.

까마득한 옛날이 왜 이제야 그리워졌을까, 문득 추자나무가 심고 싶어졌다. 나도 노인이 되었나보다. 옛날에는 젊은이가 호두나무 심는 것은 금기시 되었다. 노인들이 심어야 한다는 건 호두가 열리기까지 십 년 이상 걸리고 호두가 열리면 심었던 사람이 죽는다는 속설이 있었기 때문이었다. 지금은 종자가 개량이 되어서 몇 년만 지나면 호두가 열린다 하고 그 속설을 믿을 사람은 없을 것이다. 지난겨울부터 호두나무 묘목 구하기에 관심을 가졌고 수소문 끝에 무주 무풍면 호두농장을 알게 되었다.

경제적으로 따져서 호두 몇 그루 사자고 그곳까지 차 몰고 간다는 건 말이 안 되지만 봄바람도 쐴 겸 찾아갔다. 의욕 넘치는 농부답게 주인장은 호두농장을 견학시켜주겠다며 계단식 묵은 밭으로 데리고 갔다. 봄기운이 완연한 햇살로 밭 흙이 포실포실해서 밟히는 신축성에 느낌이 좋았다. 밭두렁엔 봄나물도 올라오고 봄 햇살에 실려 오는 바람결에 풀 향기가 묻어온다. 봄맞이는 제대로 온 것 같아 행복해진다. 호두농사로 재미보고 있는 주인장은 공무원 퇴직 후 인생2막을 위하여 농촌지도소 현직에 있을 때부터 일찍이 준비를 해서 기반이 잡혀있었다. 묵어있는 비탈에 계단식으로 밭을 일구어 호두 묘목을 공급도 하고 귀농인 대상으로 강의도 한다고 한다. 우리에게도 호두나무 식재방법과 관리법을 친절히 설명하여 주었다.

호두나무 심을 땅이 마땅치 않아 10그루 한 뭉치만 사가지고 왔다. 아예 주인장이 쌓아놓은 거름도 몇 포대 사서 실었더니 고갯마루를 오를 때마다 차가 헉헉거리며 가쁜 숨을 쉰다. 이튿날 고향으로 호두나무를 심으러 갔다. 친정집 텃밭 가장자리에나 심을까 했더니 심을 곳이 마땅치 않아 뺑뺑이만 돌다가 뒷동산 묵은밭까지 찾아다니며 물색을 했으나 포기하고 말았다. 동네 가운데 텃밭에는 호두나무가 교목이라 몇 년 안 돼서 커버리면 온 동네가 나뭇잎 때문에 말이 많다는 것이었다. 친정형제도 객지에 살고 있는 터인데 동네 아지매가 텃밭에 그늘지면 푸성귀도 못 가꾼다고 볼멘소리다. 인심 잃어가며 심어봤자 일찍이 내어릴 때 들어왔던바 호두나무 크기도 전에 캐 가버리겠기에 산내 선산 어귀에 심는 게 낫겠다 싶었다. 송곳 꽂을 만큼이라도 내 땅을 사려는 심리를 알 만하다.

호두나무 심기는 우리에게 중노동이었다. 돌을 골라내며 심을 자리를 1미터 가까이 깊이 팠다. 호두나무 한 그루에 거름 반 부대씩 넣고 10그루를 심고 나니 해가 저물었다. 심을 곳 물색하느라 친정동네에서 시간을 허비하고 오후 내 진땀을 흘리며 호두 10그루 심고서 하루해를 보냈다. 그러니 참 일 잘 해먹고 살겠다고 넋두리하며 귀가를 서둘렀다. 해마다 거름 주고 관리하다 보면 주먹만 한 호두가 열리겠지. 청설모 날다람쥐도 그네타며 따먹고 그 동네 누군가도 따먹고 우리 아들 딸 손자들도 장대 들고 망태 메고 호두 따러 오겠지! 꽃보다 호두 심을 만하지 않겠는가.

우산 하나 거짓말 한 자리

장마철이긴 하지만 아침 공기가 상쾌하다

습관대로 아침운동을 하기 위해 서둘렀다. 오늘 해야 할 일들을 가늠해 보면서 신호등을 기다렸다. 마른하늘인데도 사람들은 우산을 하나씩을 들고 각기 다른 목적지를 향해 신호를 기다리고 있었다. 사람들의 우산을 보고서야 아! 우산을 안 챙겼다는 생각이 났다. 도로 집으로 들어가자니 시간에 차질이 분명하고 하늘을 보니 비올 것 같지는 않아서 그냥 길을 건너버렸다. '우산 하나 거짓말 한 자리'는 지니고 다녀야 한다고 하시던 아버지 말씀이 생각난다. 이야기 한 자리와 같은 어법으로 쓰인 '거짓말

한 자리' 우산은 요즘처럼 변화무쌍한 장마철엔 당장 필요한 필수품이지만 거짓말 한 자리는 요지경속 같은 세상을 지혜롭게 대처하라는 비유적인 교훈이리라. 백결 선생 같은 청렴주의자들은 굳이 거짓말이 왜 필요하냐고 반문할지 모른다. 하지만 요즘 같은 험한 세상에 위기에 처했을 땐 임기응변의 슬기가 반드시 필요하단 뜻일 것이다.

우산이 귀하던 시절이 있었다. 집집마다 대가족인데 우산 한두 개가 전부이던 그 시절엔 비가 오면 발이 묶여 아무 데도 못 갔다. 살림이 좀 나은 집은 그래도 우산도 구색을 갖추어 서너 개 정도 되었던가 보았다. 기름종이 우산은 우산살이 촘촘하고 고급스러워서 점잖은 할아버지가 썼고 일꾼들은 짚으로 만든 도롱이를 쓰고 논에 피를 뽑곤 했다. 갑바 우산이 그나마 좀 튼튼해서 학교 갈 때 썼다. 파랗거나 흰 비닐우산이 처음 나왔는데 가벼워서 학생들이 쓰고 다니기엔 좋았다. 그러나 바람 한 번 휙 불면 벌렁 뒤집혀져서 일회용밖에 못됐다. 그래도 버리지 않고 5일장날 우산 수선집에 가거나 동네를 순회하는 우산 고치는 사람한테 고쳐 쓰곤 했다. 그것도 없으면 울상을 하고 비닐을 뒤집어쓰고 학교엘 갔다. 비 오는 날이면 우산 때문에 울고 학교에 가는 아이들이 한두 명이 아니었다.

이슬비 내리는 이른 아침에/ 우산 셋이 나란히 걸어갑니다./ 파랑 우산 검정 우산 찢어진 우산/ 좁다란 학교 길에 우산 세 개가/ 이마를 마주 대며 걸어갑니다.

그 무렵 경쾌한 곡조와 서정적인 가사가 좋아 즐겨 부르던 이 동요는 여전히 아름다운 비 오는 날의 수채화다. 지금도 추억처럼 아련한 삽화를 그려보며 자주 읊조리곤 한다.

결혼하고 시부모를 모시고 살 때 우산 고치는 것은 내 몫이었다. 친정에선 할아버지나 아버지가 고치셨는데 시부모님은 끼니 걱정을 할망정 궁상은 안 떤다는 주의主義였는지 우산 고쳐 쓰는 데 관심이 없으셨다. 젊은 새댁이 달리 할 일이 없으니 그냥 버리기는 아깝기도 하여 자청한 일이었다. 우산살은 못 고치지만 터진 곳을 꿰매고 박쥐날개 모양으로 잡아당겨서 우산을 고치다 보면 새 것처럼 쓸 수 있었던 보람으로 나를 달래곤 했다.

운동하러 오는 사람들이 비에 젖은 우산을 오므리며 들어온다. 나는 운동이 끝났는데 '이런 낭패가 있나!' 우산 없다고 볼멘소릴 했다. 그 말을 듣고 나간 헬스 형님이 일전에 갖다 둔 우산이 있다며 우산을 주고 간다. 나를 위해 예비된 우산에 눈이 번쩍 띄게 반갑고 고마웠다.

거짓말 한 자리는 몰라도 '우산 하나'는 확실하게 지니고 다녀야 하는 장마철이다. 우산도 패션이 된 시대에 전설의 노래 같은 '우산 셋이 나란히'는 현재진행형으로 연출되고 있다. 사람들은 비가 와도 무슨 볼일들이 그리 많은지 거리엔 천연색 우산의 물결이 흘러간다. 그 물결 속에서 평생 나에게 이 세상 갖은 풍상과 우로를 막아준 무채색의 넓은 우산 하나를 생각하며 가슴이 찡해진다.

건지산 그 오솔길

미지의 세계는 언제나 설렘과 함께 다가온다. 사람도 역사도 지리도 아직 알지 못하던 그 시기엔 알 수 없는 호기심을 동반하고 흥분과 설렘이 발길을 이끈다. 건지산은 내게 아직 미지의 세계였다. 전주에 산 지 20여 년이 지났건만 여태 그 유명한 건지산 한 번 못 갔다니 나도 참 무미건조한 삶을 살아가고 있음이 증명된 것 같아 씁쓸하다. 한 번은 꼭 가고 싶은 건지산이어서 봉고차로 간다는 일행이 있어 절호의 기회를 놓치지 않고 따라붙었다.

소리문화의 전당 뒤편 주차장에 주차를 하고 일행들은 숲으로 난 오솔길로 들어섰다. 벌써부터 20년 넘은 편백 숲 향기에서 품어져 나오는 피톤치드가 머리를 맑게 해준 느낌이다. 널찍한 공원 휴식처엔 반들반들하게 길이 나 있어서 얼마나 시민들이 즐겨 찾는 곳인가를 말해주었다. 야외 공연장으로 사용할 수 있도록 벤치와 낮은 단상도 있었다. 여름밤엔 예향 전주를 키워내는 연습장이 되어 각종 공연이 펼쳐지고 더위를 피해 나온 시민들에게 볼거리를 제공해 준다고 하니 건지산이 주는 혜택은 손꼽을 수 없이 많다.

전주 시내 북쪽을 병풍처럼 둘러싸고 있는 건지산은 전북대학교 학술림으로 전국 대학교 '학술림' 중 세 번째로 넓은 땅을 소유하고 있다고 한다. 전북대는 발전을 거듭하여 국립대로서 몇째 안 가는 상위 성적의 대학 평가를 받고 있는 중이다. 모든 면에서 뒤처지는 전북의 위상을 높여 주어 다행이다 싶다. 이 학술림이 삼림연구의 메카가 되어 가치를 한층 높여 가면 좋겠다.

숲 해설사의 숲 해설과 함께 둘레길을 산책하기로 했다. 오른쪽은 단풍 숲, 왼쪽은 양버즘나무 숲으로 이어진 오솔길이 정겹다. 양버즘나무는 노각나무라고도 하는데 플라타너스도 같은 종류다. 수피가 버즘처럼 얼룩덜룩한 특징이 있고 울퉁불퉁한 것이 매연을 흡수한 증거라고 한다.

참 오랜만에 삼삼오오 여유 있는 산책을 나선 것이다. 숲은 천천히 걸어야 보이는 게 많다. 허리를 굽혀야 야생화도 보이듯 천천히 걸으며 나뭇잎 사이로 투과되는 빛살을 바라보면 일곱 빛깔 무지개도 보인다. 투명하게 내리쬐는 햇살을 받아 연록색 잎맥에 그물망처럼 퍼져 섬세한 나뭇잎이 더없이 아름답다. 팔랑거리는 무수한 나뭇잎들이 햇볕에 반짝인다.

건지산은 아름드리 편백 숲이 주종을 이룬다. 4억 년 전에 편백 숲이 생겨났으며 인류는 200만년 전부터 지구를 정복하며 살았다고 숲 해설사는 설명한다. 숲을 보면서 인간이 배워야 할 게 너무 많다. 키 큰 나무 곁에서 키를 키우며 서로 공존하는 진리를 배운다. 숲은 바다와도 같이 모든 것을 차별 없이 포용하며 서로를 해치지 않고 상생하는 법을 몸으로 보여준다. 숲을 이루는 조건을 생각해 본다 나무를 많이 심으려면 산에 흙이 많아야 한다. 바위가 많은 골산엔 나무를 심을 수가 없다. 골산에선 숲을 이룰 만큼 나무가 자라지 않는다. 그런 점에서 건지산은 숲을 이룰 수 있는 입지조건을 갖추었다. 흙이 많아 푹신푹신 스펀지를 밟은 느낌을 준다. 즉 육산이라야 나무가 잘 자라고 나뭇잎이 거름이 되어 오래지 않아 무성한 숲을 이루게 되는 것이다. 건지산의 숲은 아낌없이 주는 나무들의 총체라는 것을 느낀다. 멀리 아마존 밀림이 지구의 허파라고 한다면 가깝게 건지산, 황방산, 완산칠봉, 치명자산은 전주의 허파가 되어 전주시민들을 살려낸다. 이만큼 맑은 공기를 유지하는 것은 숲이 전주 도심을 감싸고 있기 때문이다. 전주의 허파에서 발산하는 산소를 폐포 깊숙이 들이마시며 심호흡을 한다.

후세에 물려주어야 할 자연을 보호하고 숲을 가꾸는 것은 자녀를 키운 것이나 맞먹는다. 숲을 가꾸는 것은 나무 한 그루 한 그루에 정성을 쏟는 일이다. 한 그루 나무의 영향이 얼마나 크겠냐마는 한 그루 한 그루가 모여서 숲을 이루게 되면 상상 못 할 거대한 힘을 발휘한다. 숲은 비로소 그 속에 거느리는 무수한 생명을 키워내는 젖줄이 되고 생명의 근원이 된다. 멀리서 바라봐야 숲이 보인다고 했던가.

건지산에 우뚝 솟은 편백나무 숲에 쉬임 없이 바람이 일렁인다. 태고의 숨소리를 들으며 숲 속으로 난 둘레길을 벗어나면 생태공원 오송지가 나타난다. 그림처럼 아름다운 오송지엔 수크령이며 수생 식물들이 물 위에 떠다닌다. 주위에는 전주복숭아의 풍미를 자랑하는 복숭아 밭 언덕엔 야생화가 지천으로 피었다. 야생화가 철철이 피어나고 도화꽃이 만발할 때 이 무릉도원을 다시 찾아오리라.

대체로 맑음

해마다 연말 즈음에 매스컴에서는 정기적으로 발표하는 이슈들이 있다

예컨대 교수들이 뽑은 올해의 사자성어나 국내외 10대 뉴스 같은 것들이다. 몇 년 전부터 올해의 사자성어를 적어둔 비망록을 펼쳐보니 밀운불우密雲不雨(2006) 자기기인自欺欺人(2007) 호질기의護疾忌醫(2008) 시화연풍時和年豊(2009) 일로영일一勞永逸(2010) 일기가성一氣可成(20011) 제구포신除舊布新(2012)등을 써놓았다. 해마다 정한 사자성어의 해석을 보면서 깊이 공감했던 기억이 새롭다.

10대 뉴스를 되돌아보면 놀라운 사건사고에 충격을 주었던 일들이 많다.

일 년 동안 세계적인 이슈를 몰고 왔던 국내외 뉴스의 비중에 따라 순위를 매긴 것이 10대 뉴스다. 전북대 평생교육원 수필반 K 지도교수님은 수필 쓰기 교수법에 특징이 하나 있다. 해마다 연말이 되면 우리 집 10대 뉴스를 쓰라는 과제를 내는 것으로 2학기 수업을 마무리 하신다. 수업을 받을 땐 과제를 못 내고 넘기곤 했다. 가장 큰 이유는 자랑거리가 없고 사생활 보고서 같은 생각 때문이었다. 우리 집 10대 뉴스를 쓰는 필자들의 글을 보면 그 사람의 일 년의 가정사와 자녀들이나 부모님의 근황까지 상세하게 나열돼 있다. 간혹 아프거나 사고도 있지만 대체로 자랑거리가 많다.

올해도 어김없이 연말이 찾아왔다. 연말이 되니 10대 뉴스 생각이 나서 지난 일 년을 되돌아보았다. 이런 일 저런 일들이 주마등처럼 스쳐간다. 나는 아무리 손을 꼽아가며 세어 보아도 뉴스라고 쓸 만한 게 없어서 해마다 연말이면 손으로 꼽다가 만다. 시시콜콜한 가정사를 공개하기도 용기가 안 나서 수필 한 편을 날려 보낸다. 한 해를 살아가는데 어찌 날마다 해 뜰 날만 있었겠는가. 기억 할 만큼 슬픈 일도 없었고 가슴 졸이며 애 터진 일이 있었던가. 어린 손자손녀가 열나고 감기로 병원출입했던 때 안타까웠던 일이야 애 키우며 흔하게 있는 일. '가지 많은 나무에 바람 잘 날이 없다'는데 세상 살면서 자잘한 사연들이야 어찌 없었을까만 돌아보니 이만하면 감사한 한 해였기에 자족하며 감사한다. 자족은 곧 행복의 다른 표현이 아니던가. 인간지사가 '새옹지마'라는 진리를 생각하면 기쁜 일 있다고 너무 좋아할 것도 좀 잘못된 일 있었다고 절망할 것도 아니다. 돌아보니 한 해 동안 잃은 것보다 얻은 것이 많았고 뜻밖에 일자리가 생겨 보너스를 받은 기분도 맛보았다. 아들이 졸업 즉시 취업한 것도 감사하고 작은딸이 둘째 아이를 바라던 대로 딸을 순산한 것도 감사하다. 어려운 일이 없을 수 없는 이 세상의 삶. 그 어려움을 긍정적인 마음의 자세로 대처해 왔기에 극복할 수 있었으리라. 어려움을 타개하기 위해 누구보다 치열하게 한 해를 보낸 것에 보람을 느낀다.

하루를 두고 보더라도 맑고 푸르던 하늘에 한 점 구름이 금세 먹구름으로 변하여 소나기를 퍼붓다가도 어느새 눈부시게 빛나는 태양을 본다. 이렇듯 변화무쌍한 날씨와도 같은 인생길에 크게 자랑할 것이 없을지라도 대체로 맑은 한 해! 아니 대체로 맑은 내 인생에 감사한다.

눈보라 속에서

그가 병원에 입원 중이라는 소식을 들은 지 일주일이 지났다. 누구와 함께 가려고 맞추다가 시간이 흘러버렸다. 노인이라 녹두죽을 끓여 가지고 가는데 눈이 내린다. 첫눈이다. 아픈 사람에 대한 생각으로 무겁던 마음이 갑자기 기분이 바뀌어진다. 아이들처럼 손을 펴고 날리는 눈을 받아본다. 무수히 날리는 눈송이를 바라보니 저절로 발걸음이 가벼워진다. 날리는 눈발을 쫓느라 시선이 바쁘다. 가로등 앞으로 다가 갈 때마다 불빛에 비치는 눈발이 은하수처럼 아름답게 흐른다.

살아가면서 꼭 닦아야 하는 도리 있다. 관계에 따라서 저절로 등급을 매기게 된다. 나름대로 우선순위를 두고 그에 상응하는 인사치레를 한다. 어쨌든 도리를 다하는 것은 인사로 통하고 인사는 관계를 유지해가는 하나의 삶의 방편이다. 문병도 득달같이 달려가야 할 처지가 있는가 하면 병의 경중에 따라 미루게 되는 경우도 있고 가볍게 찾아보는 경우가 있는가 하면 병원비를 전부 또는 얼마쯤 부담을 느껴야 하는 관계도 있다. 관계를 떠나서 지병이 있어 자주 입원하는 사람이라면 외롭고 힘들어 할 것을 생각해서 더 깊은 관심을 가져야 하겠지만 현실은 반대로 문병을 미루다가 건너뛰기도 한다. 잔병에 효자 없다는 속담이 나온 근거다.

관계를 이어가는 방법도 여러 가지다. 현금이나 선물을 해야 하는 경우도 있고 밥을 사야 하는 입장이 있는가 하면 몸으로 때워야 하는 경우도 있다. 인사하라고 있는 날인지 명절 생일 어버이날 스승의날 성탄절 등 관습이나 제도로서 선물 할 수 있는 명분의 날들이 점점 늘어간다. 선물을 주고받는 것은 많이 할수록 관계를 돈독하게 하는 일인데 일일이 못 챙기고 눈을 질끈 감고 살게 되는 경우가 많아서 마음이 무겁다.

연말이 되니 인사치레로가 아니라 진정한 마음으로 선물 주고 싶은 사람도 많고 같이 식사를 하고 싶은 사람도 많다. 식사는 대체로 친한 사람과 하게 되고 함께 식사를 하다보면 더욱 가까워진다. 그렇게 식사 할 수 있는 사람이 많다면 진정 행복한 사람일 것이다. 한 해를 보내며 밥 한 끼 나누면서 담소하며 정을 주고받는 행복한 시간이 아쉽다. 한 끼 식사가 단순한 것 같아도 쉬운 일이 아니라는 걸 느끼는 요즘이다. 마음과 같이 무제한일 수 없을 뿐 아니라 시간을 맞추기가 어렵다. 먹고사는 문제만 해결되면 아무 문제가 없을 것 같지만 인간의 도리를 지키는 일이 쉽지 않다.

그래도 이기적이고 개인주의적으로 변해가고 무너져가는 것이 많다고는 하지만 아직은 사람답게 살려고 애쓰는 사람들이 훨씬 많다. 인간을 만물의 영장이라 지칭한 것도 어쩌면 만물을 다스리는 지혜 위에 윤리 도덕적 규범을 지키는 고차원의 종種이기 때문이리라.

주는 것보다 받는 것이 좋다고 하지만 주는 마음이 얼마나 흐뭇한 것인지 값으로 따질 수 없는 평화와 행복을 느끼게 된다.

하늘에서 내려오는 무수한 눈송이가 나비처럼 날아와 앉는다. 지금 이 순간의 지향 없이 날리는 눈송이도 생명은 없지만 어떤 섭리에 의해 진정한 겨울 인사로 내 옷깃에 내려앉은 것은 아닌지 모르겠다.

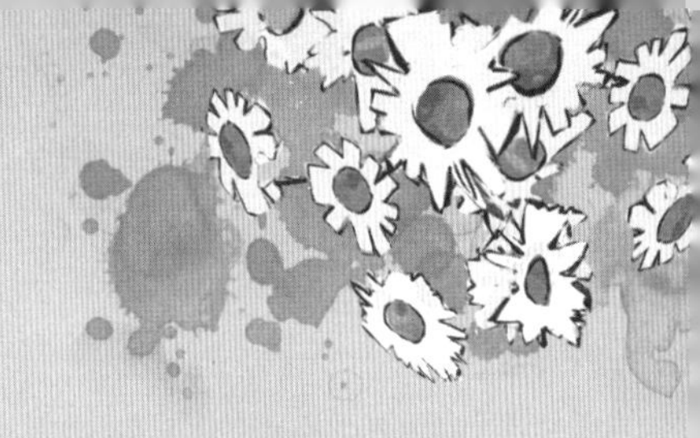

2부

이 또한 지나가리라

아파트를 살 것인가 주택을 살 것인가. 전주로 이사 올 때도 선택의 기로에서 고민했던 문제였다. 그땐 지금에 비하면 아파트가 많지 않았지만 주택 한 채 값으로 아파트 두 채를 살 수 있다고 부동산업을 하는 지인이 아파트를 권했다. 재테크에 대한 선견지명도 없고 어머니를 모시고 살기엔 역시 주택이 나을 것 같아 지은 지 몇 년 안 된 새집을 샀다. 가족들 모두 주택 체질인 것도 결정을 굳히게 했다. 전에 살던 주택에 비하면 고대광실(?)에서 감사하며 행복했다. 집 보러 다닐 때 온 동네가 새집이고 멋진 양옥집이어서 어떤 부자들이 이런 동네에서 살까 생각했는데

나 같은 사람도 전세 끼고 그럭저럭 집을 사고 보니 이 동네사람들이 보통 사람들이라는 걸 알게 되었다. 교회를 갈 때마다 걸어서 갈 수 있는 거리여서 감사하고 무탈하게 아이들을 키우고 교육시켜 출가시키고 감사한 일이 많았다. 사람도 늙으면 병이 나듯이 이젠 우리 집도 세월 따라 낡아서 춥고 퇴락해갔다.

여자와 집은 동격이다. 집을 아내로 은유적으로 표현하기도 하고 아내를 바로 집사람이라고 하지 않던가. 집과 여자는 가꾸기에 달렸다는데, 매해 집에 투자를 하고 손을 댄다는 게 어디 쉬운 일이던가. 페인팅을 하긴 했지만 금방 몇 년 지나면 도로 허름해지고 더구나 구조를 바꾸기는 어려운 일이었다. 몇 년 전부터 리모델링을 염두에 두면서도 세월은 빠르게 흘러갔다. 뛰는 물가나 인건비를 생각해서도 그렇고 한 해라도 더 편안하게 살아야 본전을 뽑을 것인데. 우르르 뚝딱 착수가 되지 않는다.

노후에 적지 않은 돈을 주거에 투자하는 것이 미련한 선택이라는데 아파트는 아예 가고 싶지도 않고 올여름은 넘기지 않고 집 문제를 매듭지어야겠다고 마음먹었다.

우리나라 중산층 중에는 재테크에 일찍 눈을 떠서 이삿짐을 풀지도 않고 1, 2년 살고 이사하는 걸 일삼는 사람들이 많았다. 아파트를 새로 분양할 때마다 도전해서 전매를 하고 돈과 정보로 편법 탈법이 합작하여 부동산 부자가 많다. 여러 가지 정황상 나와는 거리가 먼 얘기로 치부해 버리고 팔자소관대로 살아지겠지 하며 근검의 생활로 정도正道만 걸으며 살아왔다.

사람마다 자기의 주머니가 정해져 있어서 그 주머니가 찰 때까지 잘 모아지다가 주머니가 차면 넘쳐서 흩어지는 것이라고 생각하는 것이 나의 재물관이다. 돈을 어떻게 벌었네 하던 사람이 어느새 주식투자로 모두 날렸다네 하는 소문을 듣지 않았던가. 그런 사람은 주머니가 넘쳐버린 결과 아니겠는가. 어떤 사람은 몇 억짜리 주머니를 차고 있고 어떤 사람은 몇 천짜리 주머니를, 또 어떤 사람은 아무리 채워 보려 해도 구멍 난 빈주머니를 평생 못 면하고 살게 되는 것을 보아왔다. 내가 이재에 밝았거나 졸부라도 될 사람이었다면 그때 부동산 지인 말을 듣고 아파트 두 채를 샀을 것 아닌가. 나도 이 나이 되고 보니 내 인생이 어느 정도는 파악이 된다.

그나마 욕심이 부질없다는 걸 체득했으니 헛세월만 보낸 게 아닌듯하여 얼마나 다행스러운 일인지. 인심이 노적이라는데 인심 잃어가며 아등바등 살 필요도 없고 오늘 내가 쓴 돈이 내 돈일 뿐이다. 노후자금을 넉넉히 준비한 것은 없지만 사는 동안 춥고 누추해서 궁상떨고 살지 않는 것이 지금의 나로선 가장 현명한 선택이었다고 생각한다.

그러나 벽을 헐고 구조를 바꾸는 대대적인 공사가 큰 부담이었다. 좋은 업자 만나서 사고 한 건 없이 순조롭게 마무리되는 것이 큰 관건이다. 새집 짓는 것보다 분명 헌집 고치기가 어려울 것이므로 다른 사람은 몰라도 내 일생에 가장 어려운 결정이었다. 집을 고치기 전에 몇 주간 작정기도를 했다. 막상 밀어붙이려니 소심한 성격에 걱정되는 것이 한두 가지가 아니다. 이 묵은 살림살이를 다 버리고나면 새로 장만해야 할 것이니 모두 버리지도 못하겠고 살림을 이삿짐센터에 맡겨야 할까? 원룸을 한 달간 얻을까? 아니면 여관 생활을 하는 게 나을까 날마다 잠만 깨면 경제원칙을 따져가며 궁리를 했다. 남의 일이라면 돈만 맡기면 신경 쓸 것 없어 보였지만 내 앞에 닥치고 보면 쉬운 일이 없다. 돈만 많이 쓰면 걱정하고 궁리할 것이 없지만 건축에 대해 아는 것이 없고 같은 돈을 들이고도 후회 없는 선택을 해야 하는 지혜가 절실했다.

내가 구상한 설계가 구조적으로 무사하게 공사가능할지 몇 달 전부터 여러 군데에서 견적을 받고 비교하고 따져 보고 했더니 누가 직영을 하라고 권한다. 솔깃한 제의였다. 직영을 하면 확실히 돈은 많이 절약될 것이다. 남원 살 때 직영으로 부분 리모델링을 했었는데 그땐 젊어서 그랬는지 어려웠다는 기억이 없다보니 직영유혹에 마음이 흔들린다. 내가 젊었다면 도전해 볼 용기도 있겠고 경험하다보면 여자라도 집장사를 하지 않던가. 여기에 생각이 미치자 건축 호시절에 그 방면으로 도전 한번 못해보고 늙은 게 왜 이제야 아쉬운 걸까. 젊었을 때 이런 생각이 들었더라면 서울에서 나도 한번 집장사를 할 수도 있겠다는 엉뚱한 생각도 해본다.

그러나 건축업에 대해 건建자도 모른 사람이 막일을 감독하기도 쉽지 않고 업자끼리 연계가 어렵다보면 공기工期도 늘어날 테고 시간도 여건도 맞질 않는다. 우리 부부가 영악하지도 않은 성품에 오히려 돈은 돈대로 들고 고생만 하고 스트레스 받을 걸 생각하니 엄두가 안 나고 머리떵서리만 아프다. 결국 한 업자에게 맡겼다. 이삿짐도 자녀들을 동원해서 지하에다 옮기고 임대해 주던 옆방에서 옹색한 살림을 살았다. 기존 시설을 순차적으로 철거하는 바람에 TV도 보고 씽크대, 가스렌지, 냉장고도 옮기지 않고 비닐로 덮어놓고 불편을 감수하며 사용했다. 순차적으로 하나씩 끊겨서 갈수록 불편은 했으나 그것도 감사하며 간편한 조리를 선택하며 지혜를 발휘했다. 불편해하는 남편에게 피난살이보다는 훨씬 나은 생활 아니냐며 이것도 잊지 못할 추억이라고 너스레를 떨었다. 원룸 얻어 가면 비용도 들어 갈 텐데 다행이다 싶었고 감사했다. 무슨 일이든 치밀하게 준비하고 예기치 않은 일까지도 대비하며 시작할 일이지만 너무 미리서 걱정하고 겁먹을 것이 아니라는 걸 깨달았다. 너무 치밀한 남편과 다툰 게 한두 번이 아니다. 일을 시작할 때 너무 치밀하다간 추진력이 떨어져 용기를 잃기 쉽다. 물질적인 준비와 대책은 철저히 해야 할 것은 물론이지만 일단 마음의 준비가 되면 밀어붙이고 시작할 일이다.

일을 착수한 첫날 문짝들을 다 떼 내고 벽을 허무느라 요란한 굉음이 천지를 뒤흔든다. 두려움이 앞선다. 건축현장 사고화면들이 어른거린다. 눈을 딱 감았다. 건물 밖으로 나가서 보니 먼지가 화재현장 연기같이 피어오른다. 기도가 절로 나온다. '이 또한 지나가리라.'는 위로의 말이 환청처럼 들린다. 일을 시작하면 지혜가 떠오르고 걱정했던 문제들이 기우가 되기도 한다. 미리 걱정했던 잡다한 문제들은 야기되지 않았고 공사가 순조롭게 잘 마무리되었다. 새집 짓기보다 어렵다는 헌집고치기가 내 인생에 큰 숙제였는데 20일 만에 끝나다니! 몇 년 묵은 체증이 내려간 것 같다. 기도의 응답으로 모든 것을 계획하고 예비하여 주신 '여호와 이레*' 하나님의 은혜에 감사드린다.

---

* 여호와 이레: 여호와께서 예비하시다.

사랑 그것은 그리움

기독교에서는 동물에게는 영혼이 없다고 한다. 동물에게 영혼이 없다면 그리움이라는 정서는 인간의 전유물이라고 할 수 있다. 그러나 그리움이 인간의 전유물이라는 인식을 무색게한 사건을 기억한다. 1993년이던가? 진도에서 대전으로 팔려간 진돗개 '백구'가 7개월여 만에 주인집을 찾아온 놀라운 사건이 있었다. 산 넘고 물 건너 피골이 상접한 몰골로 주인을 찾아왔던 백구의 귀환을 어떻게 규정해야 할까. 단지 동물적 촉수로 주인 찾아 300㎞를 오매불망 찾아왔다고 해야 할지? 이쯤 되면 인간만이 사회적 동물이라거나 감정의 동물이라고 고집할 수 없는 증

거들이 아닐까 싶다. 불가에서 주장하는 윤회설을 보면 동물에게도 영혼이 있는 셈이다. 영혼이야 있고 없고를 따진다는 것은 무의미한 일인지도 모른다. 반려동물이라고 말하는 것도 주인을 사랑하는 정서적 교감으로 살아가기에 붙여진 이름이다. 우리가 기억하는 명견들의 주인과의 교감은 그리움이라는 상정常情으로 생각하지 않을 수 없다. 인간답지 못한 인간에게 금수禽獸만도 못하다는 말을 뒷받침하는 견공의 이야기는 인간의 심금을 울리고 만다. 주인의 목숨을 살린 임실 오수 '의견義犬'의 희생적 죽음은 인간보다 숭고한 사랑의 이야기다.

영화 〈하치 이야기〉는 일본판 '오수 의견'에 비견될 만한 감동적 이야기다.

1923년 어느 날 통근열차를 타고 출근하던 도쿄대 우에노 교수는 '아키타'종 유기견 강아지를 만난다. 주인이 나타날 때까지만 보살피려고 했지만 주인이 나타나지 않자 어쩔 수 없이 기르게 됐다. 우에노 교수의 관심과 사랑 속에 자란 하치가 날마다 퇴근열차가 도착할 시간이 되면 시부야 역으로 주인을 마중 나간다. 강아지가 자라서 어른개가 되고 어느 날 강의하던 교수가 돌연사하게 되는데 주인이 죽은 줄을 알지 못하는 '하치'는 비가 오나 눈이 오나 퇴근열차에 맞춰 마중을 나가 하염없이 기다리다 집으로 돌아온다. 인간보다 더 인간적인 하치의 소문은 매스컴에도 소개되어 관광객이 모여들 정도로 유명해졌다. 봄이 오고 가을이 가고 겨울이 몇 번을 바뀌어도 하치의 주인에 대한 그리움은 변함이 없다. 오후 5시만 되면 시부야역으로 달려간다. 늙고 초취해져 앙상한 모습이 되어 죽을 때까지 무려 9년 동안이나 그 자리에서 기다린다. 사람들은 너무나 감동적이고 눈물겨운 충견을 위하여 늙은 '하치'가 앉아서 기다리던 그 자리에 '하치의 동상'을 세워주었다.

그리움이란 연민의 다른 이름이다. 사랑이 전제되지 않고는 그리움의 감정은 있을 수 없다. 그를 사랑했기에 보고 싶고 말하고 싶고 애틋하다. 그립다 못해 상사병이 나질 않던가. 상사병이란 이성간의 사랑에서만 발병되는 게 아니다.

유치원에 다니고 있는 외손자가 젖 뗄 즈음이 있었던 일이다. 어미가 입원한 바람에 어린 손자를 며칠간 데리고 있었던 적이 있었다. 어린것이 밤이 되면 엄마가 그리워 잠을 못 자고 신음하듯 엄마를 찾곤 했다. 그 애처로움은 차마 못 볼 일이었다. 외할머니 등에서 떨어지지 않아서 아이를 업고 얼드려서 밤을 새우다시피 했다. 3일 정도 지나니까 저도 포기를 했는지 외할머니만 졸졸 따라다니다 적응해 가는가 싶었다. 며칠 만에 어미한테 보냈는데 충격이 얼마나 컸던지 트라우마가 오래갔다는 말을 들었을 때 얼마나 가슴 아팠던가. 생각하면 지금도 마음이 짠하다. 진짜로 어미가 없다면 불쌍해서 어찌 키울까 싶었다. 고아들에 대한 막연한 측은지심이 그때부터 구체적이고 절절하게 느껴졌다. 어린아이가 엄마를 그리워하는 상사병은 성장해서도 큰 상처로 남는다. 그래서 세상에서 가장 큰 불행이 어미 없는 설움이라 했다. 성장하여 어른이 되어도 그리고 부모님이 늙어 수를 다하고 돌아가셨다 해도 어머니에 대한 그리움은 지병처럼 울컥거린다. 누굴 그리워하는 것이 아름다운 감정이지만 그립기 시작하면 어떻게 달랠 길이 없이 앓아야만 한다. 속수무책으로 앓아야 하는 병이다. 깊이 앓고 나야 카타르시스처럼 후련해지는지도 모른다. 그것이 그리움이라는 병의 치유법일지 모르겠다.

인간이란 앞서 말한 감정의 동물이요 사회적 동물이기에 호흡하는 것처럼 사랑과 미움이 점철되어 살아가게 마련이다. 자기 감정을 잘 다스리고 이웃을 사랑하고 남을 먼저 배려하는 사랑을 실천하는 사람들은 인심을 얻고 산다. 그런 사람은 주위사람들로부터 존경을 받고 칭찬을 받는다. 문상을 갈 때마다 느끼는 게 있다. 초상마당에 가면 그 사람의 살아온 행적을 듣게 된다. 이건 천국에 가기 전에 사람들로부터 심판을 받는다는 말이다.

자기 욕심만 부린 사람이라면 '그 사람 남한테 못할 일도 많이 하더니 이제 죽었다.'는 등의 악평이 여기저기서 들린다. 살아온 동안 덕을 많이 베풀고 인정스러운 사람이라면 '참 아까운 사람이 돌아갔다.'고 안타까워한다. 길다면 길고 짧다면 짧은 일생 동안 사람이 죽는 마당에서는 예외 없이 평가를 받게 되어 있다. 그럴 때마다 나를 돌아보게 된다. 죽어서 악평을 들을 것인가. 그리운 사람으로 남을 것인가 선문답을 해본다. 날마다 나를 바로 세우고 마음의 거울에 비춰볼 일이다.

이성간의 사랑이나 혈육 간의 애틋한 그리움은 좁은 의미의 사랑이라고 말할지 모르지만 어쩔 수 없이 앓게 되는 병인 것은 분명하다. 고난주간이 지나고 부활주일이 다가오니까 개인적인 사랑과는 비교할 수 없는 예수님의 사랑을 생각한다. 예수님의 사랑을 그리워해 본 적이 있었던가? 자문하며 인류 구원의 희생의 십자가를 우러러본다.

예수님을 은 30세겔에 판 가롯 유다는 예수님으로부터 "인자는 자기에 대하여 기록된 대로 가거니와 인자를 파는 그 사람에게는 화가 있으리로다. 그 사람은 차라리 나지 아니 하였더라면 자기에게 좋을 뻔하였느니라."(마가복음 14장 21절)는 악평을 면치 못했다.

인류를 구원하시려고 십자가에 못 박혀 희생제물이 되신 예수님의 사랑은 이 세상 끝날까지 온 인류의 영원한 그리움으로 남을 것이다.

친구의 조건

우리나라의 역사적 인물 중에 우정을 이야기할 때 대표주자는 단연 오성과 한음의 우정이라고 생각한다. 중국의 인물로 관포지교의 주인공 관중과 포숙아를 들 수 있겠다.

친구라면서 의리를 빼면 어불성설이다. 친구와 의리는 그림자와 같아야 한다. 관중과 포숙아의 우정이나 지란의 향기로운 친구의 소중함을 생각해본다.

유안진의 ≪지란지교를 꿈꾸며≫에서 바라는 그런 단짝의 친구를 나는 사랑한다.

'입은 옷을 갈아입지 않고 김치냄새가 좀 나더라도 흉보지 않을 친구, 김치 국물이 묻은 옷을 입어도 흉보지 않을 친구'가 우리 집 가까이에 있었으면 좋겠다. '비 오는 오후나 눈 내리는 밤에 고무신을 끌고 찾아가도 좋을 친구, 공허한 마음도 마음 놓고 보일 수 있고 악의 없이 남의 얘기를 주고받고 나서도 말이 날까 걱정되지 않은 친구'가 있음이 정말 얼마나 감사한지! 나이 들어갈수록 친구의 소중함을 알겠다. 일생을 살아오면서 얼마나 많은 사람을 만났던가. 한 가지 목적을 가지고 새로운 분야에 도전할 때마다 새로운 사람을 만나게 되고 그중에서도 반드시 친한 사람이 생기게 마련이었다. 뜻이 맞아 친밀하게 되고 정서가 같고 사소한 것도 나누는 인정이 친구 사귀기의 기본 매뉴얼이라고 할까. 친구 사귀는 법이 정해져 있는 것은 아닐 것이다. 편지를 주고받으며 친구가 되는 경우도 있고 작가의 글을 통해, 시공을 통해 만난 일이 없어도 오랜 친구처럼 항상 곁에 있는 것 같이 느끼게 되는 경우도 많다. 그러나 통념적으로 친구란 우선 자주 만나야 오래 지속이 된다. 매일같이 만나고 친하던 사람도 함께하던 일이 끝나고 서로 추구하는 길이 다르다보면 어느새 멀어져있다. 물론 친했던 마음이 변한 건 아니지만 물리적 거리가 생기면 정서적 거리도 멀어져 어느 날 문득 오랫동안 만나지 못했음을 알게 된다. 의도하지는 않았지만 자주 만나는 기회가 적어지면 저절로 소원해지는 게 인간관계다. 눈에서 멀면 마음에서도 멀어진다는 말이 실제상황이 된다. 몇 년 전만 해도 그렇게 자주 만나고 친하던 사람과 서운한 일 없이도 소식이 끊긴 경우도 수없이 많다. 인간이 정을 나누는 것에 수용한계가 있다. 전에 친했던 모든 사람과 똑같은 비중으로 정을 나누고 살 수 없는 것이어서 현재 상황에 따라 자연적으로 취사선택하고 살아가게 된다. 인생의 고갯길을 어느 정도 넘어오다 보니 어떤 사람이 친구가 되는가 생각해 보게 된다. 현대인에게 이상적인 친구의 조건은 무엇일까?

우선 정서가 같아야 하는 것은 기본이고 지식수준과 종교도 같으면 좋겠지. 소비패턴이나 경제적인 수준도 같아야 유유상종이라고 할지 모르겠다. 친구란 조건 없이 사귀어야 맞다. 하지만 우리는 은연중에 사람을 가리고 조건을 따지며 사귀지 않았는가를 돌아보게 된다. 그 사람을 알려면 그 부모를 보고 친구를 보고 평가하게 되어 있으므로 사람을 가려 사귀는 건 당연한 일이다. 어떤 친구를 만나느냐에 따라 인생이 달라질 수 있으니 '친구 따라 강남 간다.'는 말을 허투루 들을 일이 아니다. 친구를 사귈 때 편견을 갖지 말라는 건 순수해야 한다는 의도에서 조건을 따지지 말라는 뜻이겠다. 하지만 현실에서 진정한 친구란 첫째는 입이 무거워야 하고 신의가 있고 변함이 없어야 하는 것을 바탕으로 앞서 말한 조건이 서로 맞아야 오래 가는 친구더라는 것이다. 물론 예외의 경우도 많다. 당연히 예외적으로 다양한 친구를 사귀어야 인간관계가 원만할 것임을 안다.

현대인의 五友歌 건健 처妻 재財 사事 우友 중에서 건강, 배우자, 돈과 일, 네 가지는 자신을 세우는 조건을 말하지만 友는 유일하게 인간관계의 소중함을 말하는 데 주목할 일이다. 분명한 것은 세상에 영원한 것은 없다. 어제의 친구가 오늘 등 돌리는 사이가 되기도 한다. 진정한 친구라면 애초에 등 돌리는 일이 없겠지만 말이다.

이익을 따라 친구를 사귀면 낭패 보는 일이 허다한 세상이다. ≪논어≫ 계씨편季氏篇에서 말하는 익자삼우益者三友 우직友直, 우량友諒, 우다문友多聞, -정직한 친구 성실하고 믿을 만한 친구 박학다식한 친구를-사귀되 손자삼우損者三友 우편벽友便辟, 우선유友善柔, 우편영友便佞-비위나 맞추고 알랑거리는 친구, 줏대 없이 아첨하는 친구, 말만 잘하고 실속 없는 친구를- 분별하여 사귀어야 한다는 말에 귀를 기울여 볼 일이다. 친구를 사귀는 데 정답은 없다. 세상에는 아무 조건 없이 진정한 친구도 얼마든지 있다. 소통이 어려운 현대엔 변함없는 진정한 친구가 더욱 소중하다. 좋은 친구를 얻으려면 내가 먼저 좋은 친구가 되어야 한다지만 상대를 탐색하며 다가가기를 주저하다보니 점점 각박한 세상이 되어 가고 있다

저마다 give&take로 잣대를 들고 있는 현실에서 실상은 이론에 불과하여 씁쓸해진다.

법정스님의 친구에 대한 글을 음미해보며 글을 맺으려 한다.

> 친구여!
> 나이가 들면 나서지 말고 설치지 말고 미운 소리, 우는 소리,
> 헐뜯는 소리, 그리고 군소리, 불평일랑 하지를 마소.
> 알고도 모르는 척,
> 모르면서도 적당히 아는 척, 어수룩하소.
> 그렇게 사는 것이 평안하다오.
> 친구여!
> 상대방을 꼭 이기려고 하지 마소.
> 적당히 져 주구려.
> 한걸음 물러서서 양보하는 것
> 그것이 지혜롭게 살아가는 비결이라오.
> 친구여!
> 옛날 일들일랑 모두 다 잊고
> 잘난 체 자랑일랑 하지를 마오
> 우리들의 시대는 다 지나가고 있으니
> 아무리 버티려고 애를 써 봐도

가는 세월은 잡을 수가 없으니
그대는 뜨는 해 나는 지는 해
그런 마음으로 지내시구려

성만아재

모처럼 딸들과 집 근처 공원에서 배드민턴을 치고 있었다. 오랜만에 아이들 데리고 운동을 하니 배드민턴 셔틀콕이 포물선을 그리며 신나게 비행을 한다. 워밍업이 끝났는지 막 물이 올랐을 때 집으로 전화 왔다고 기별이 왔다. 휴대폰이 대중화되지 않던 시절이었으니 집으로 뛰어갔다. 고향 아재의 비명횡사! 도저히 믿기지 않은 청천벽력 같은 비보가 기다리고 있었다. 얼마나 설움에 복받치면 다리를 뻗고 운다더니 나야 말로 다리를 뻗고 한동안 대성통곡을 했다. 아버지 돌아가실 땐 어린 동생들 때문에 악머구리같이 울었지만 어머니 돌아가실 때도 발 뻗고 울지는 않았었다. 연세도 그렇고 무엇보다 병고로 고생을 하시다 가셨기에 마음의 각오가 되었었기 때문이었다.

아재는 추석을 쇠고 서둘러 추수를 마치고 벼를 말린다고 경운기에 싣고 가다가 사고를 당한 것이었다. 아들 결혼준비 단계로 상견례를 앞두고 있다고 했다.

여름내 날아갈듯 양옥집을 지어놓고 사랑땜도 못해 보고 무엇이 그리 급한지 허망하게 세상을 뜨다니 ! 생각할수록 비통한 마음을 둘 곳이 없었다.

아재는 할머니의 친정조카로 아버지의 외사촌 동생이다. 아홉 살 때 오갈 데 없는 고아가 되어 할머니가 친정조카 삼남매를 데리고 와서 키우다가 누나와 형은 남의 집을 보내고 막내인 성만 아재만 우리 집에서 키우게 되었다. 막내삼촌보다 세 살 작았고 오빠보다 여섯 살 위여서 먹새며 입새를 엄마가 모두 챙겨야 했다. 그러니 우리 엄마가 큰형수지만 엄마 맞잡이였다. 아래채에 제사상을 차려주는 것도 엄마였고 야단맞고 주눅 들었을 때 등을 다독여 주는 이도 엄마였단다. 모두가 배고프던 시대에 무엇보다 먹을 것 맘대로 퍼다 먹게 한 인정 많은 엄마였으니 아재에겐 각별한 형수였으리라. 초등학교라도 보내려고 했으나 공부하기를 싫어 해서 서당공부도 못했다고 했다. 대농가에 잔심부름도 많고 나이 들어감에 따라 머슴들 틈에서 농사일을 배우며 작은 머슴노릇하며 살았다. 나보다 열 살 위여서 내가 아재를 따를 때쯤엔 아재가 열칠팔 살 때나 되었지 싶다. 아재는 그 시절 유행가 가사를 적어서 쇠죽 끓일 때 부지깽이를 두드리며 구성지게 노래를 부르곤 했다. 그 덕분에 〈아리조나 카우보이〉, 〈대전부르스〉 등은 저절로 알게 된 노래였다. 나는 아재를 무척 좋아했다. 고락을 같이하고 공유한 게 많았고 우리 가족사의 일원이었기에 연민도 많았다. 어릴 때부터 유학 간 오빠는 물리적 거리도 뜨고 아재보다 푸근함을 못 느끼고 어렵기만 해서인지 아재가 친정오빠보다 다정하다. 아재는 우리 집에서 없어서는 안 될 존재였다. 부산으로 유학 간 삼촌과 오빠가 매년 여름과 겨울 방학이 끝나고 돌아갈 때면 첫차를 타기 위하여 새벽밥을 먹고 등불을 들고 십 리 밖 인월까지 배웅을 했다. 등짐을 지고 인풍리 바람등을 올라갈 때쯤이면 예배당 종소리가 뎅뎅 울려온다던 말이 엊그제 같다. 추우나 더우나 싫은 내색 않고 등짐 져다 주어 교수 되고 의사 되어 은혜 잊지 않겠다더니 아재 먼저 돌아가시고 삼촌도 가신 지 십 년이 넘었다.

그러던 아재도 머슴살이가 지겨웠던지 스물한 살 때 장가가기를 원했다. 한동네 열여덟 처녀한테 중매를 넣어 일찍 혼인을 시키고 논밭을 내주어 신접살림을 하게 되었다. 언니가 없던 나는 다섯 살 위인 아지매와 친형제처럼 허물없이 지냈다. 아재는 첫 딸을 낳고 얼마 안 되어 군대를 갔는데 아지매의 편지 대필은 물론 아재한테 편지도 많이 써서 아재의 군대 주소를 지금도 기억하고 있다. 군대에서 제대를 앞둔 여름 큰딸을 뇌염으로 잃었으니 젊은 아빠의 비애는 말할 수 없었으리라. 손끝이 야무진 아재는 말만 하면 입에 혀같이 온갖 걸 다해 주었다. 시집온 뒤에도 아재는 내 부탁은 미룬 적이 없었고 아재를 믿고 엄마가 혼자서 밭농사라도 짓고 살았다. 아재는 어떤 일이든 미덥게 해냈다. 짐 하나를 꾸려도 야물딱스럽게 짐을 매서 버스에 실어주기까지 아재만 있으면 걱정할 것이 없었다. 농촌에 젊은이들이 도시로 떠나도 아재는 고향을 지키며 성실해서 살림도 불리며 살아갔다. 부지런하고 마음씨 착하고 일 잘하고 나무랄 데 없으니 동네에서 인심을 얻고 잘 살았다. 영리한 사람이고 신용도 얻게 되니 자연히 이장일도 맡겨졌을 때였다. 아재는 한자가 달려서 어려움이 많다고 한자를 묻곤 했다. 청소년 때 학교공부 안 했던 것과 서당공부 안 했던 걸 후회하시며 하소연했다. 지금이라도 틈틈이 하시면 덕을 볼 거라며 공부하기 쉬운 책을 주며 공부하기를 권했다.

나는 그 무렵 지병이 있으신 시부모님이 얼마 못 사실 것 같아 초상 치르고 산일하는 데 내심으로 아재를 의지하고 있었다. 시댁에서도 집을 수리하는 일이나 어려운 일 만나면 아재를 불러다 부탁하려고 했다. 이 세상 올 때는 순서가 있어도 갈 때는 순서가 없다는 말이 어찌 그리 맞는 말인지. 인명이 재천이라 알 수 없는 운명을 모르고 모두 아재가 뒤를 봐주기를 원했던 것이 얼마나 어리석은 생각인가. 인간은 언제나 자기중심으로 생각하고 계산하며 살기에 이기적인 동물이라 하는지 모르겠다.

아재한테 바라는 것도 많았지만 나도 아재한테 해주고 싶은 게 많았다. 아재 회갑이 되면 큰마음 먹고 비싼 옷도 한 벌 해드려야지 생각도 했었고 아재 부부랑 같이 회갑여행도 하고 싶었었다. 시어머니도 돌아가시고 아이들도 결혼시키고 나면 함께 늙어가며 서로 자주 왔다 갔다 지내리라 했건만 다 헛된 꿈이었던가. 형제 같은 마음은 변함이 없지만 먹고 살기 바쁜 아지매도 한번 못 와보고 나도 갈수록 더 바쁘고 마음먹은 대로 되지 않아 안타깝다.

낼모레면 아재의 기일이 다가온다. 세월 흐르고 바쁜 일상 가운데도 이따금씩 아재에 대한 그리움으로 마음이 아려 오곤 했다. 억장이 무너지던 그때의 막막함도 무심한 세월 속에 묻혀가고 그 아들이 중년이 되어 아재의 음성인 듯 수화기 너머로 그리움이 환청처럼 은은하다.

죄인의 마음으로

초등학교를 졸업하던 해 여름에 친구를 잃었다. 우린 한자공부도 같이 하고 쑥도 같이 캐고 골목을 누비며 몰려다니던 동네가 알아주는 말괄량이 삼총사였다. 말똥만 굴러도 까르르 웃어대던 시절에 동네 머슴이 나락을 지고 가는데 뒤를 따라가다가 방귀소리를 듣게 되었다. 무거운 나락 짐을 지고 가는 장정에게서 연발로 나오는 방귀 소리를 말괄량이 삼총사가 들었으니 얼마나 짓궂게 외장을 치고 난리였겠는가.

화가 난 머슴이 지게를 받칠 채비를 하는 걸 보고 걸음아 날 살려라 줄행랑을 쳤지만 결국 잡혀서 따귀를 맞았다. 뭘 잘했다고 할아버지한테 이르고 할아버지는 애들 고막 터지면 어쩌려고 무지막지하게 때렸느냐고 야단을 치고 동네가 시끄러웠었다.

그 이듬해 여름 삼총사 중의 친구 하나가 뇌염이 걸려서 갑자기 영영 이별하게 되는 슬픔을 맛보아야 했다.

우리 둘은 갑자기 당한 충격에 어찌 할 바를 몰랐다. 망아지처럼 철없이 뛰어다니던 삼총사 중에 친구 하나를 잃고 난 뒤부터 우린 문득 성숙해 버린 듯 뛰어다니는 것을 잊었다. 골목마다 새겨졌던 친구와의 추억을 말없이 가슴에 묻고 울상이 되어 서로 바라만 보았다.

요즘 같으면 조문이라도 갔겠지만 그런 인사치레나 위로할 줄도 모르고 약속도 안 했건만 친구 어머니를 피해 다녔다. 어린마음에도 친구 엄마한테 미안하고 죄 지은 것 같고 볼 낯이 없었다. 저만치 친구 엄마가 나타나면 얼른 돌아서 다른 길로 가고 오래도록 빚쟁이나 죄인처럼 그 앞에 보이지 않은 게 상책이라 생각했다. 세월이 흐르고 성장을 해서도 친구 엄마한테 큰 빚을 진 마음은 여전했다. 그 시절에는 마음은 순수했으나 너나없이 말로 인사치레하는 법을 못 배웠다. 미안한 마음이 있어도 표현할 줄도 모르고 마음을 열고 표현하는 것에 몽매했다. 심지어 어버이날이나 생신에 부모님한테 카네이션 줄 줄도 몰랐다. 카네이션은 교과서에나 나오는 세련된 호사일 뿐 생활 속에서는 거리가 먼 사치스런 이야기였다. 그저 어른들 보면 꼬박꼬박 인사나 잘했고 인사성 밝은 애가 가정교육 잘 받은 애였다. 세월이 흘러 어버이날 카네이션을 드리는 게 유행이던 시절에도 친정 쪽은 시어머니한테 밀려 선물 들고 찾아뵐 형편이 아니었다.

순수성이나 인정이 있다 한들 동급생이 무단결석을 해도 무심했고 경제가 어려워서 학교를 그만둔 아이들도 많았으며 뇌염으로 죽어도 왜 학교를 못 나온지 알 수도 없는 경우가 다반사였다. 요즘엔 아이가 죽어도 국화꽃에 둘러싸인 영정사진을 놓고 장례절차를 다 밟아서 장례를 치르고 단체로 조문을 가는 모습을 본다.

옛날에는 어린아이가 죽으면 아장兒葬을 했다. 여우나 늑대가 훼손한다고 아기 시체를 독에다 넣고 돌무더기를 쌓아놓았다. 행여 쑥을 캐러 가서도 아장이 있는 골짝에는 무서워서 못 갔고 비가 올듯하면 아장에서 애기 울음소리가 났다고 무서워하곤 했다. 좀 큰 애나 처녀 총각이 죽으면 가마니나 덕석에 둘둘 말아서 냇가에서 화장을 했다. 그 친구도 그렇게 화장을 했다고 했다.

어른이나 아이들이나 배운 게 없어서 어떤 분야든지 격식도 없고 무심한 것 같았으나 순수하고 따뜻한 마음들을 지녔었다.

말로 번지르하게 위로할 줄은 몰랐어도 함께 울어 줄 줄 아는 세상이었다. 강산이 변한다던 10년 세월이 훨씬 넘고 성장해서 보건소를 다닐 때도 친구 어머니께 딸처럼 일을 봐 주곤 했으나 결혼을 하고 아이를 낳아도 친정엄마한테 내 이야기는 하지 말라고 당부하곤 했다. 위로 두 딸을 가슴에 묻은 친구 어머니의 참척의 슬픔을 짐작했던 걸까. 평생 딸이 없어 부러워하시던 친구엄마가 돌아가신 후에야 역설적이지만 마음의 짐을 내려놓은 것 같았다. 친구 어머니가 돌아가신 후 마음이 조금 가벼워진 건 무얼 의미할까? 분명 돌아가시길 기다린 건 아니었는데 왜 그런 마음이 들었을까. 아마도 죄책감을 가질 대상자가 없어진 때문이겠지만 인생의 어떤 상황은 언제나 이중적 심리가 병행된다는 것을 느낀다. 세상사가 여반장如反掌이라고 했던가. 복잡하게 생각하자면 끝이 없으나 내 마음은 오랜 짐을 벗었다고 생각되던 시절도 까마득한 옛일이다. 그 철없던 말괄량이 소녀들이 환갑이 넘고 강산이 몇 번이나 변한 만큼 세상도 너무 많이 변했다. 경제적 여유와 교육 덕분에 세상의 가치관도 변하여가고 소멸과 생성 속에 죄인의 마음도 까마득한 옛이야기처럼 희미해간다.

너무 먼 당신

인간은 누군가와 끊임없이 관계하며 살아간다. 인간을 '사회적 동물'이라고 말하는 것은 인간의 모듬살이 속성과 관계 속에 살 수밖에 없는 존재이기 때문에 붙여진 이름이다. 인류는 시대에 따라, 살아가는 양상에 따라 문화를 생성하고 소멸하면서 역사를 이어왔다.

심리학자 매슬로의 '요구 위계설'에 의하면 가장 기본적인 생리적 욕구가 해결되면 그 위 단계로 소속의 욕구가 있다 누군가와 함께 어울리고 싶어 하고 친해지고 싶어 한다. 누군가와 친해지기 위해선 나와 공통점을 찾아보면서 공감대를 형성해 보려는 노력을 기울인다. 그리고 공감대가 형성되면 저절로 친해진다. 친하다는 것은 무엇을 의미할까 거리감이 없다는 뜻이다. 공유하는 것이 많고 생각이 같고 서로가 감출 것이 없이 진실하면 저절로 친해진다. 겉으로는 친한 것 같이 수십 년이 지나도 속내를 털어놓지 않으면 친해질 수가 없다. 그에 대해 아는 바가 없다면 어찌 친하다 할 것인가. 사랑하는 사람끼리는 그가 지금 무얼 하며 무슨 생각을 하는지 알고 싶어 한다. 날마다 만나고도 헤어져 돌아오면 하루에도 몇 번씩 통화하고 또 보고 싶어지고 아! 그런 사랑을 나누던 시절이 있었던가 싶게 까마득하다.

인간의 관계에서 서로에게 가장 많은 영향을 끼치는 것이 거리감이다. 관계는 유유상종하며 형성된다. 먹을 가까이하면 저절로 검어질 것이요. 붉은 것을 가깝게 하면 저절로 붉게 물든다는 것은 불변의 진리이다. 좋은 친구를 사귀어야 하고 내가 좋은 친구가 되어주어야 할 이유다.

거리감을 연구한 자료가 자못 흥미롭다. 가장 친밀한 관계는 15센티미터 이내에 있어 손을 잡을 수 있고 신체접촉을 할 수 있는 거리다. 연인관계가 아닌 이성이 개인적 거리인 45센티 이내에 있으면 부적절한 관계라고 볼 수 있다. 우리는 종종 누구인지 모르는 사람과 지하철이나 만원버스 안에서 불가피하게 상대방의 모공과 실핏줄까지 관찰하게 될 만큼 '친밀한 거리'를 유지하게 될 때가 많다. 사회적 거리는 120센티미터 이상 두 손을 뻗어야 닿는 신체적 지배의 한계범위다. 일반적으로 210센티 정도의 거리에서 비개인적 업무가 행해지고 함께 일하는 사람들이 보통 취하는 거리에 속한다. 그러나 일정한 관계를 유지하는 데 있어서 표면적으로 나타나 보이는 물리적 거리는 다가가면 금방이라도 가까워질 수 있지만 마음이 통하지 않는 심리적 거리에는 메울 수 없는 구렁이 있다. 아무리 사랑하고 친밀하고 싶어도 이 거리 밖에 있는 그대라면 가까이하기엔 너무 먼 당신이 되고 만다.

아무리 가까운 사이라 해도 약간의 거리를 두어야 그 관계가 오래간다. 격의 없는 관계라 해도 기본적인 예의를 갖추어야 한다는 걸 체험으로 터득하게 된다. 너무 친해서 허물없이 지내다가 탈이 나고 만다. 진정한 친구라면 그에 대한 허물을 알아도 모른 척 눈감아 주고 덮어주어야 할 때가 있는가 하면 그의 허물을 진심으로 충고해주고 남에게 욕먹지 않도록 바로 잡아 주어야한다. 귀에 달콤한 말은 하기 쉬워도 입에 쓴말은 하기 어려운 것을 알고 충고를 잘 받아들이고 고칠 줄 알아야 진정한 친구관계를 유지할 수 있다. 뻔히 아는 이치지만 '잘한다', '좋다' 소리 듣기는 좋아도 '잘 못한다' 말 들으면 기분이 상한 것이 인지상정이라 충고하기도 어렵고 싫은 소리도 못한다. 입바른 소리 잘한 사람한테는 다가가는 사람도 드물다.

이래저래 사람 관계처럼 어려운 것도 없다. 너무 소심하게 생각하면 어려울 뿐이니 물 흘러가듯 마음 통한 대로 사는 것이 인간마다의 진면목이다. 서로 뜻 맞는 사람끼리 친하고 동병상련하며 정이 깊어간다. 친하고 싶은 사람에게 흉금을 열지 않으면 지척이 삼만 리라고 그야말로 너무 먼 당신이 된다.

상한 감자 하나가

농가의 봄은 감자거름을 내는 것으로부터 시작된다. 감자농사는 모든 농사 중에 제일 먼저 파종하기 때문이다. 부지런한 농부는 정월 보름이 지나고 눈이 녹을라치면 감자 거름을 내기 시작했다. 옛날에는 감자 씨를 집집마다 움을 파고 땅속에 고이 묻어두었다가 봄이 되면 파내었다. 감자 한 알에 몇 개씩 붙은 눈을 하나하나 도려내어 감자 씨를 심었다. 감자 씨눈을 도려낼 때 너무 적게 도려내면 영양분이 적어서 싹이 실하게 자라지 못하므로 씨눈에 살을 통통하게 붙여서 도려내야 한다. 싹이 나면 감자는 영양분을 빼앗기며 서서히 썩어간다. 한 알의 밀알이 썩어야 싹이 나듯 씨눈에 붙은 살점이 썩어야 새 감자가 자란다. 감자는 구황식품으로 씨를 도려내고 난 감자 속은 춘궁기에 귀한 양식이나 간식이 되기도 했다. 지금은 감자 씨를 자급자족하지 않고 강원도 감자를 씨앗용으로 농협을 통하여 구입해서 쓴 지 오래되었다고 한다. 옛날처럼 묻어두었다가 감자 씨를 심으면 싹이 잘 나지 않고 품질이 떨어진 감자가 되기 때문이다. 고추, 배추, 무, 가지 모종도 마찬가지로 씨를 받아서 심으면 발아도 잘 안 될 뿐 아니라 혹 발아한다 해도 종자가 좋지 못하여 종묘상에서 사다가 쓰는 세상이 되었다. 꽃도 마찬가지다. 백합 구근도 해가 갈수록 색깔이 예쁘지 않게 핀다. 예쁜 꽃을 보려면 새로운 종자를 사다 심어야 한다. 종묘시장 전략상 무정자 처리나 화학적 처리를 하든가 번식에 장애가 있도록 처리를 하는 모양이다.

감자를 캐면 우선 묻은 흙을 말리느라 창고나 빈 쌀뒤주 마루 밑 등, 비를 피할 수 있는 곳마다 널어놓았다. 감자가 하늘을 보면 색이 파랗게 변하는데 독이 생기고 맛도 떨어진다. 감자를 캐면 바로 널어놓고 신문지 등으로 덮어 놓아야 한다.

모든 과일과 야채를 비닐하우스에 때도 없이 심고 수확하지만 감자는 하지 즈음에 노지에서 캔 감자가 가장 맛있다. 그 이름도 '하지감자'다. 이른 봄에 심은 감자는 하지가 지나고 나면 감자

캘 때가 되고 감자 캘 계절은 장마철과 겹친다.

비를 안 맞고 감자를 캐려고 서두르지만 농촌의 일손은 이맘 때도 여전히 바쁘다. 올해는 감자가 자랄 때 오래도록 가물어서 감자알이 잘게 들었는가 보았다. 비 오기를 기다려 비 맞고 나면 좀 더 크겠지 하고 미루다가 장마철을 만난 모양이다.

장마철에 감자를 캐다보니 자칫 잘못 간수하면 감자가 썩는다.

감자 한 개가 썩고 있을 때 빨리 발견하고 축출해 내지 않으면 감자 썩은 물이 묻은 감자마다 함께 썩는다. 양파도 마찬가지다. 그것은 전염병을 예방하고 암을 조기발견하여 대처하는 것과 같은 이치다. 건강 보험공단에서 2년마다 실시하는 건강검진 제도 덕분에 불치병으로 여겼던 각종 암도 조기발견하여 항암치료 하면서 가슴을 쓸어내린다.

습도 높은 장마철에 상자속의 썩은 감자 하나는 마치 젊은 사람에게 더 빠르게 확산되는 암세포처럼 불과 며칠이 지나지 않아 온 상자의 감자를 다 썩히고 만다. 온 방죽에 미꾸라지 한 마리와 다를 게 없다. 맑은 물에서야 표가 안 나지만 침전물이 많은 방죽에선 한 마리 미꾸라지가 움직일 때마다 구정물만 일으킨다.

상한 감자 하나!

어쩌다 병이 들었을까. 이른 봄 같은 터전에 심겨진 이후 따사로운 봄볕에 움을 틔우고 꽃샘바람 매서운 봄눈에도 서로 호호 손 불어 주며 다독이며 자랐다.

5월의 훈풍이 들판을 스쳐갈 때 오순도순 행복했을 것이다. 저마다 제 임무에 충실하느라 자주 꽃 하얀 꽃을 피우며 희망의 알을 품어 키웠다. 감자를 수확할 때 농부의 얼굴에 기쁨의 미소를 안겨주었던 감자들이었다. 언제까지나 함께할 줄 알았던 감자들도 알이 굵어지니 저마다의 갈 길이 따로 있었다. 각자 상자에 담겨져서 서로 이별하게 되고 어떤 것은 공장으로 어떤 것은 단란한 가정집으로 식당으로, 가는 곳도 제각각이지만 용도마저도 제각각이다. 어떤 것은 포테이토칩으로, 쪄먹는 간식거리로, 또는 감자볶음, 샐러드, 고로케 등 각종 음식재료 등으로 갈 길이 다르다. 한 상자 속의 감자! 어떤 공통점으로 최후까지 한 상자의 안에 담겨진 걸까. 한 상자 안에 함께한다는 사실에 연대감은 자별하였을 것이다. 그러다가 병든 감자 하나로 인하여 더 이상 함께할 수 없게 된 것이다. 어쩔 수 없이 상자를 엎어놓고 분리하게 된 때가 온 것이다. 썩은 곳은 수술하듯 도려내고 썩은 물 묻은 감자는 씻고 말려서 간수해야 한다.

인간관계도 잘못하면 썩은 감자와 같다. 오랜 세월 정답던 관계도 원하지 않은 침전물이 쌓이다 보면 문득 이별을 맞이해야 할 순간을 감지하게 될 때가 있다. 정답게 지나온 세월과 아름다운 추억을 생각하면 안타까운 선택이지만, 악취 나기 시작한 즈음이라면 더 이상 함께함으로써 서로 상처를 입게 될 것을 미연에 방지하는 결단이 필요할 때가 있다. 미적거리다가는 온 상자의 감자를 버리는 썩은 감자와 같이 되고 말 것이다. 이 세상에 어떤 이유로든 이별은 서글픈 일이지만 웃으면서 헤어질 때 함께했던 추억이 그리워지리라. 뒷모습이 더 추해지기 전에 어차피 영원한 것이 없는 세상사라고 허공 바라보며 자조적인 헛웃음을 날려 보낸다. 일말의 추억과 연민을 반추할 수 있는 이별은 아름다운 선택이다. 그때의 이별은 차라리 축복이다.

한운불우閒雲不雨의 여생

'나의 노후설계'는 나의 처녀수필 제목이다. 50대에 들어서 노후 삶에 대한 문제를 세 가지로 염려해 보며 썼던 첫 수필로 인하여 문단에 발을 들여놓게 한 의미 있는 글이다. 노년이 되면 첫째 염려되는 것이 건강문제였다. 모든 생리적 기능이 떨어지는 시기이므로 건강관리를 우선적으로 해야겠기에 헬스장엘 다니면서 건강 관리를 하고 있었다. 둘째로 건강 못지않게 중요한 문제가 경제대책이라고 생각했다. 대부분의 공무원들은 박봉에 부모님 모시랴, 자녀교육 시키랴, 언제 노후 생각하며 돈 모을 새가 없으니 연금에 의존할 수밖에 없을 터였다. 남편이 현직에 있을 때였으므로 퇴직 때가 되면 신중하게 선택하리라. 퇴직금 수급선택이나 받은 퇴직금을 잘못 관리해서 곤궁에 빠진 사례들을 많이 봐왔기 때문이다. 그 글을 쓸 무렵 IMF 여파로 모두가 힘든 시절이어서 노년에 들어서 경제문제가 얼마나 심각한 것인지 피부로 느낄 수 있었다. 셋째로 중요한 것은 시간 관리를 어떻게 할 것인가인데 틈틈이 봉사활동도 하고 글쓰기와 책읽기로 여가를 보내리라 생각했다. 그 후 인터넷에 健妻(夫)財事友라는 '퇴직자의 五友歌' 가 히트를 쳤다.

사무엘 울만이 '청춘이란 인생의 어느 한 시기가 아니라 마음가짐을 뜻하나니' 하고 읊은 '청춘'의 정의를 노년으로 대입한다면 나이는 숫자에 불과할 뿐이다. 나이가 숫자에 불과하다는 사실을 증명이라도 하듯 세대에 따라 부르던 이름도 바뀌고 있다. 옛날 같으면 50대에 진입하면 노인 대우를 받았지만 백세 시대에 진입한 최근, 정부가 고용관계법을 고치면서 쉰 살 넘은 준고령자와 쉰다섯 살 이상 고령자를 합쳐 어른 長자 써서 長年으로 바꿔 쓰기로 했다. 서른에서 마흔 안팎까지 힘이 펄펄한 장년壯年과는 다른 호칭이다. 한국인의 평균수명이 남자 일흔일곱, 여자 여든넷인 것을 감안하면 장년長年은 힘을 써야 하는 젊은 축에 든다. 실제로 농촌의료선교 활동에 참여해 보면 60대는 마을 일은 물론 도맡아 상노인들의 시중을 든다. 육십 세에서 칠십오 세까지를 지칭하는 신중년이라는 신조어가 탄생했으니 65세부터 받는 경로 우대 혜택도 반납해야 하지 않을까? 시절이 하수상하니 경제도 어려운 이 시대엔 신중년이라는 이름값을 하자면 일자리를 구할 수밖에 없는 현실이다. 그렇다면 나의 좌표는 어디인가 바로 신중년! 아직도 일해야 할 때이므로 벌 쏘인 사람처럼 나대야 하는 것 아닌가. 굳이 나이로 가르마를 타자면 노년의 삶이란 칠십오 세 이후로 생각하고 아직도 청춘인 양하고 살아야할까? 건강할 때 봉사도 일도 할 수 있으면 열심히 하면서 영화 〈죽은 시인의 사회〉에서 로빈 윌리엄스처럼 '카르페 디엠! 카르페 디엠!'을 외치며 현재를 즐겨야겠다.

사람들은 조금이라도 젊은 축에 끼고 싶은 심리가 다 있는 모양이다. 교회마다 조금씩 다르지만 우리 교회에서는 나이 별로 3-4세씩 묶어서 선교회를 조직하여 활동하는데 일정한 나이가 되면 위 단계로 올라가야 한다. 규정 때문에 어쩔 수 없이 올라가긴 하지만 해마다 위 단계로 올라가야 하는 나이들은 올라가는 걸 서글퍼하고 올라가기를 꺼린다. 그런 현상은 은퇴 연령인 70세를 앞둔 1여전도 또는 1남선교 회원들에게서 확연이 두드러진다. 직장인들처럼 길게는 수십 년 동안 교회에서 직분에 따라 봉사하며 신앙생활을 해왔다. 70세가 넘으면 직분에서 은퇴를 하고 '안나회'*에 들어가야 하는데 한 2년 정도를 버티다가 그때에야 자신들의 입지를 인정하고 '안나회'로 편입되어 지낸다. 한참 연장자들과 '뒷방노인' 노릇 하고 싶지 않은 심정을 이해할 것 같다. 60세 이상이면 복지관 회원이 될 수 있는데 복지관에나 다닐 나이는 아니라며 70대나 되어야 복지관에 드나든 것과 같은 현상이다. 조금이라도 늙은이 부류에 들어가지 않으려는 몸부림인지 모른다.

신중년의 나이에도 건강한 사람이 많으니 할머니나 노인 소리 듣기 싫어서 신중년이란 새로운 이름을 갖다 붙이며 떼를 쓰는 모습 같아 안쓰럽다. 100세시대가 된 요즘의 노년의 삶이란 개인차는 있겠지만 신중년 시기를 지난 연후의 삶을 전제로 해야 할지 모르겠다. 그렇다면 노년을 어떻게 살아야 할까. 서두에 경제, 여가, 건강대책을 중요하게 생각하고 나름대로 계산하고 있지만 앞일을 알 수 없는 게 인생이다. 어떻게 처신하며 살까를 생각해 보는 것도 중요한 노후의 삶이다. 어느 날 갑자기 노인이 되는 건 아닌지라 지금 노인들을 보고 타산지석으로 삼을 몇 가지를 주의하여 고상한 할머니가 되기를 소망한다. 나이 들어갈수록 말이 많아지고 고집만 부리고 나만 생각하고 있는지 돌아

볼 일이다. 노탐을 버리고 누가 나를 생각해주고 챙겨주지 않나 하지 말고 지갑 여는 데 인색하지 말 일이다. 꼬장꼬장 따지지 말고 수더분한 인심을 풍기는 할머니가 되고 싶은데 그 정신을 유지하고 살아질지. ≪서경書經≫ '홍범편洪範編'에서 말하는 壽 富 康齡 考終命 攸好德의 오복에 현대의 오복 健 妻(夫) 財 事 朋을 갖추었다면 누가 보아도 성공한 인생이라고 칭송하리라.

이 세상 소풍 나왔다 돌아갈 즈음 노을 비낀 가을하늘에 흰 구름 한가하게 떠돌다 비를 뿌리지 못하고 흩어지듯 욕심 없이 살고 지고. 한운불우閒雲不雨*로 살아가리라.

* 안나회: 70세가 되면 교회 직분에서 은퇴하고 여전도회 대신 조직된 우리 교회의 사조직
* 한운불우: 청춘의 꿈을 상징하는 뭉게구름의 반대 개념으로 새털구름처럼 흩어져 비를 뿌리지 못하고(욕심을 버리고) 석양빛에 곱게 물든 구름 (두보의 시 중에서)

3부

가을 소나타

가슴이 답답하면 혼자서 길을 나섭니다. 바둑판처럼 그어진 골목길을 따라 삼천도서관으로 가는 길은 수십 가지의 경우의 수가 있지만 나는 언제나 격자무늬를 한번 긋고 직선으로 가는 길을 택합니다. 특별한 이유가 없는 한 사람들은 익숙한 길로 들어서는 습성이 있다는 걸 말해주는 대목이기도 하지요. 꼭 그 길을 고수하는 또 하나의 이유가 있습니다. 어쩌다 삼익수영장부근 골목시장에서 이것저것 사다 보면 남편한테 마중을 나와 달라고 해야 할 때 길이 엇갈리지 않게 하기 위해서이기도 하지요.

지난여름 송이송이 꽃분홍 팝콘으로 피어났던 배롱나무 가지

마다 꽃 진 자리엔 푸르스름한 열매들이 갈색에서 다시 까만 빛으로 변해가고 있습니다. 도서관 옆 거마공원의 푸석푸석한 잔디도 진갈색으로 물들어 갑니다. 건듯 불어오는 한줄기 바람결엔 쌉싸래한 건초 향기가 코끝을 스칩니다. 어제 내린 스산한 가을비에 낯을 씻은 참빗살나무의 새뜩한 단풍 빛이 슬퍼 보입니다. 몽글몽글 피어올라 단정한 단발머리의 소녀 같은 억새꽃송이도 이지러져갑니다. 빗질했던 억새 꽃송이가 불에 지진 강아지 털처럼 볼품없어졌다고 이리도 서글퍼질까요. 고운 단풍으로 물들었던 나뭇잎들도 이제 머지않아 훌훌 옷을 벗을 것입니다. 올해도 조락의 섭리를 거역하지 못할 것입니다. 떨어지는 낙엽의 음향은 가을소나타가 되어 귓전에 맴돌 것입니다.

ECM센터 로비에서 만난 담임목사님께서 영화를 소개하시며 꼭 보라고 권하셨는데 그 마음이 어떤 마음인지 알 것 같습니다. 감명 깊은 영화나 책, 음악회나 공연 등을 한 사람이라도 더 많이 향유하게 하고 싶은 마음을 말입니다. 교회 ECM센터 글로리아 홀에 스크린과 음향시스템을 정비하여 무료영화를 다시 시작하였습니다. 그 첫 번째 영화로 〈가을 소나타〉를 상영했습니다.

지난해 12월 초 오렌지 톤의 차분한 가을분위기의 영상이 스크린을 전체를 압도하며 영화는 시작되었습니다.

어느 가을날 목사의 아내 에바(리브 울만 扮)는 유명 피아니스트인 어머니 샬롯(잉글리드 버그만 扮)을 집으로 초대한다. 연주여행 차 전 세계를 순회하느라 바쁜 샤롯은 최근 오랜 연인 레오나르도의 죽음으로 상심한다. 7년 만에 어머니를 만난 에바는 반갑게 어머니 샬롯을 맞이하지만 샬롯이 미처 몰랐던 사실을 이야기하면서 둘 사이가 서먹해진다. 심각한 신체장애를 가진 채 요양원에 방치되어 있던 여동생 헬레나가 2년 전부터 에바의 집에서 함께 지내고 있었던 것. 샬롯은 예술가로서의 명성과 경력을 위해 자식들을 돌보지 않고 일에만 몰두해 왔던 것이다. 자의식이 강한 샬롯은 자신의 선택을 애써 정당화하려 하지만 에바는 무책임한 샬롯에 대한 원망과 애증을 안고 있다. 마침내 두 모녀는 오래 묵혀두었던 서로의 상처를 드러내며 감정적 회오리를 겪는다.

모녀가 펼치는 화해의 이중주는 쇼팽, 바흐, 헨델의 클래식 선율로 환치되어 번갈아 흐르는 음악적 효과가 압권이었습니다.

숨이 멎을 듯한 갈등과 심리묘사로 섬세한 감정 표현의 명연기가 이어지는 내내 고통과 치유의 실내악은 어쩌면 음악치료 효과의 장치로서도 톡톡히 한몫했다고 생각되었습니다.

일하는 여성들의 개인차는 있겠지만 서양 어머니와 우리나라 어머니의 자식에 대한 희생정신도 비교할 수 있었습니다. 직장과 가정 사이에서 어느 한쪽도 포기할 수 없는 여성들의 고뇌와 후유증은 동서양이 별반 다르지 않다고 생각됩니다. 그러나 이 영화에서는 자신의 명성과 성공을 위해서 가정을 외면하는 이기적인 서양어머니의 냉철함을 볼 때 우리나라 어머니라면 그럴 사람이 몇이나 될까 싶었습니다. 정서적으로도 그렇고 사회분위기나 관습도 그렇고 적어도 노년으로 가는 우리 세대의 엄마들은 성공보다는 자녀들의 양육에 더 비중을 두며 직장생활을 하지 않았나 싶습니다. 그래서 직장을 포기하고 가정을 선택한 여성이 많았고 직장을 선택했다 해도 역량을 마음껏 발휘하지 못하고 현상유지 하는 쪽으로 타협해야 했던 거지요. 이런 분위기 때문에 우리나라 여성들의 고위직 진출이 OECD국가 중에서 가장 낮은 비중이라고 합니다. 그러나 지금 젊은 세대는 맞벌이를 하지 않을 수 없고 여성의 지위향상도 눈에 띄게 높아져가고 있습니다. 의식 자체도 급변할 것이라고 예측합니다. 조카딸이 어릴 때 교사였던 엄마를 오매불망 기다리며 자기는 엄마가 되면 직장 안 다니고 아기 키우겠다고 했던 기억이 납니다. 그랬던 그녀도 여느 젊은 엄마들처럼 직장으로 내몰리고 아이를 어린이집에 맡기지 않을 수 없는 현실입니다. 영화의 전반적인 배경이 실내에서 진행되고 영화 전편全篇에 흐르는 실내악에 심취할 수 있었던 것도 또한 큰 보너스였습니다.

이 사색의 계절에 애증으로 점철된 가족애를 생각하며 여성의 성공 문제와 모녀간의 갈등과 화해의 이중주가 가을 소타나가 되어 큰 울림을 주는 영화였습니다.

첫 경험 그 문화의 충돌

대한민국엔 불가사의한 것이 많다.

기름 한 방울 나지 않는 나라에서 자동차의 홍수 속에서 사는 것과 커피 한 톨 안 나는 나라에서 물보다 커피를 먼저 찾는 국민들! 게다가 믹스커피를 개발해 역수출하는 대단한 나라, 대한민국이다. 시골할머니 할아버지들도 숭늉보다 믹스커피를 더 많이 마신다.

언제부터 우리가 커피에 열광하게 되었을까? 고종황제가 제일 먼저 커피를 마셨다고 하는 기록이 있지만 바로 우리가 커피를 처음 마시던 기억도 호랑이 담배 피우던 시절이라고 생각하니 격세지감을 느낀다. 50여 년 전 약속다방에서 우리는 처음 커피를 마셨다. 그 설레던 기억이 어젠 듯 선명하다. 처녀시절 시골집에 커피세트를 들여놓고 손님이 오면 커피 타는 레시피를 커닝하며 커피를 탔다. 그 시절 모닝커피에는 달걀노른자를 탔었다. 남편은 읍내에서 고등학교에 다니던 시절 중학교 때 담임선생님을 만나서 다방으로 안내되어 처음 홍차를 마시게 되었다. 잔에 홍차티백이 나왔던가 보았다. 차 마신경험이 없는 터에 봉지를 터트려 홍차를 마셨다는 실수. 담배를 터트려 풀어 놓은 것처럼 우거지상이 상상되지 않는가. 실소를 자아내게 하는 문화적 충돌이 어디 이뿐이겠는가. 버스가 겨우 들어오고 한동네에 전화기도 몇 대 안 되던 시절, 교환이 연결해 주던 전화기를 사용한 지 얼마 안 되었을 때다. 서울 가서 다이얼 전화기 앞에서 얼마나 서성이다 수화기를 들었다. 발신음인지 수신음인지 분간도 못해서 두근거리는 가슴을 누르고 수화기를 들었다 놓았다 했던 첫 경험은 어떤가.

정지간을 한번 들여다보자. 정지문을 열면 나무청이 보인다. 머슴이 있는 집은 솔가지 나무를 두어 짐씩 들여놓고 나면 마음부터 훈훈하다. 그 솔가지로 불을 때면 불땀이 좋아 타닥거리며 타는 소리를 듣는 낭만을 아는지? 콩 타작하고 난 뒤 콩깍지를 태우면 콩알이 튀어 그것 주워먹는 재미는 또 얼마나 쏠쏠했던가. 연탄부엌 아궁이로 개조하기 전까지는 집집마다 곤로를 켜고 찌개를 끓였다. 나중에 입식 주방으로 개조하여 가스를 사용했는데 주부 폐암 원인으로 가스 사용이 원인이라는 보도다. 먹는 것도 양보다 질을 따지게 되었고 무엇보다 건강제일 주의로 모든 생활이 바뀌고 있다. 위험부담이 있는 가스를 치우고 깔끔한 인덕션으로 주방공간을 고급스럽게 업그레이드 한 가정이 늘고 있다.

화장실의 역사를 보자. 거적때기를 제치고 들어가 쪼그리고 앉아서 볼일을 보고 재로 그것을 덮고 통시에서 나왔다. 내가 초등학교에 입학해서 변소라는 단어를 배웠다. 변소라는 단어도 그땐 세련된 시설로 인식되었다. 조금 나은 시설이 푸세식 변소였다. 변소에 들어가면 반드시 읽어야 하는 낙서가 있었다. '누가 누구를 좋아한다' 그런 유의 낙서였다. 초등학교 6학년 가을 장항제련소로 수학여행을 갔다. 군산의 여인숙에서 숙박을 했는데 어떤 친구가 '화장실'이 화장하는 곳이냐고 묻기에 '변소 같은디 한번 들어가 봐.' 하면서 우리는 처음으로 화장실(W.C)라고 써놓은 곳에서 볼일을 보았다. 그리고 불과 반세기 전 서울의 수세식 화장실 위에 쪼그리고 앉아서 볼일을 보았던 우리들이었다. 그런 우리는 현재 시골에서도 집집마다 호텔 화장실 같은 위생적인 화장실을 사용하고 있으니 뽕나무밭이 변하여 바다가 되었다.

학습이 없는 첫 경험은 낯설고 두려운 실수와 함께 기억된다. 농경시대에서 산업화 혜택도 대단한 진보였는데 최첨단 디지털 시대에 적응하자니 정신을 바짝 차려야 겨우 더듬더듬 따라갈 정도다. 처음 경양식집에서 포크와 나이프 들고 스테이크를 먹던 기억은 어떤가? 첫 경험의 실수시리즈는 2박 3일 웃으며 이야기해도 끝나지 않을 것이다. 우리는 아직도 경험하지 않은 새로운 분야를 첫 경험할 땐 예외 없이 실수를 한다. 경험이 숙달될 때까지 끊임없이 연습하고 어쩌다 한번 반복하려면 잊어버리기 일쑤다. 외계인 같던 우리들이 경험과 실수와 학습이 누적되어 오늘날 이렇게 세련된 문화인으로 진화되고 있다. 아니 케이 팝 스타들이 세계의 문화를 선도하고 지구촌은 지금 한류 열풍 기류가 형성 중이다.

나의 사랑하는 노래

나는 음악을 좋아한다. 아니 음악적 소양이나 전문지식이 부족하니 노래를 좋아한다고 해야 맞다. 노래가 없는 세상은 얼마나 삭막할까. 생각만 해도 암울하다. 혼자 있는 시간엔 외로움을 달래기 위한 것인지 노래 속에 동화되기 위한 것인지 노래의 주인공인 양 호소력 있는 노랠 부른다.

내가 노래 부르기를 시작하고 좋아한 전력은 꽤나 오래됐다. 꼬맹이 때부터 동요를 좋아해서 늘 불렀고 거의 3절까지 꿰었다.

삼남매를 키울 때도 동요를 불러주며 재웠고 손자에겐 떡애기 때부터 찬송가를 비롯해서 주제별로 노랠 불러주었다. 말 배우는 손자가 그 작은 입으로 찬송가며 동요를 부르고 심지어 뜻도 모르고 혀도 짧은 소리로 "푸른 잔디 풀 위로 봄바람은 불고–어여쁘다 그 처녀!" 하며 마무리까지 천연덕스럽게 노랠 부를 땐 귀여워서 어쩔 줄 모른다.

나는 노랠 잘 부른다고는 할 수 없으나 아주 못 부르는 것도 아니다. 잘 부르는 노래는 노래가 쉽고 노랫말이 너무 좋아 자주 불렀기 때문이요 노래를 못 부를 때는 아마도 어려운 노래를 선택했기 때문일 것이다. 내가 잘못 부르고 또 싫어하는 노래는 직설적인 가사에 간드러진 뽕짝이다. 하지만 트로트도 좋은 노래가 많다. 특히 남자가수가 부르는 노래들 중에 좋은 가사가 더 많다. 그래서 어려움도 불사하고 배우려고 애쓴다. 나의 노래는 추억 속에 박제된 노래가 아니다. 지금까지 재생 반복되고 있으니 분명 살아있는 노래다.

나는 노래를 많이 알고 있었다. 그즈음 동호인들과 봉고차를 대절해서 장거리 문학 행사에 참여할 일이 잦았다. 무료함을 잊기 위해 노랠 부르기 시작했다. 디지털치매가 되어 노래방기기가 아니면 맥을 못 추는 세대인데 통영에서 전주까지 쉬지 않고 부를 수 있는 노래의 기억력과 순발력에 놀라워했다. 동요면 동요 가곡이면 가곡 또 가요면 가요, 민요와 전래동요의 생뚱맞고 해학적인 가사와 가락에 도취되어 멈출 수 없는 그야말로 생방송 가요행진이었다. 알고 있는 모든 노래를 망라해서 앞 소절을 시작하면 모두 함께 부르며 즐거워했다. 벌써 몇 삼 년이 지났지만 기록적인 노래의 추억은 지금도 우리들 사이에 회자되고 있는 전설이 되었다.

1960, 70년대엔 대중가요나 건전가요, 가곡, 번안가요, 운동권 노래까지 장르를 가리지 않고 따라 불렀다. 라디오밖에 없던 시골에서 팝송을 배울 기회가 없었던 게 아쉬웠다. 혀는 짧아도 침은 멀리 뱉고 싶은 꿈 많은 소녀시절, 토끼 발맞추는 궁벽한 촌에서도 문화적 갈망에 허기졌고 〈영시의 다이얼〉이나 〈밤을 잊은 그대에게〉를 들으며 몽환적인 노래에 매료되었다. 감미롭던 디제이의 코멘트에 영혼을 빼앗기던 청춘의 순간들을 떠올려보기도 한다. 청춘의 때에 흑인영가나 가슴 저리게 하는 저음가수의 노래가 흘러나오면 길을 가다가 멈춰 서서 듣곤 했다. 감수성 예민하던 그 시절, 애절한 감상感傷은 잊을 수가 없다. 노래를 배우기 위해선 라디오에서 감성적이고 감미로운 노래가 나오면 따라 적었다. 가사 전달이 잘 안 되면 문맥을 짐작하여 대충 적어도 틀림이 없었으니 우선 노래를 빨리 배웠다. 내 수준급의 가사 따라적기가 여지없이 망가진 것은 '서태지와 아이들' '김건모'의

빠른 템포 노래에서부터였지 싶다.

세시봉의 통기타로 대변되는 1970, 80년대 이후를 지나면서 대중가요는 세대를 구분 지었고 따라 쓸 수준 이후의 노래들과는 차차 멀어졌다. 비록 복고풍의 노래지만 내 인생 굽이굽이마다 불렀던 애창곡들은 카타르시스를 느끼게 했다. 나의 애창곡들은 그 어떤 명설교보다도 감명을 주었다. 이제 하릴없는 〈가요무대〉 세대지만 그 시절을 반추할 수 있는 채널이 있다는 건 적잖은 위로가 된다.

힙합이 유행을 하면서 추억의 노래들은 특별한 채널이 아니면 듣기 어려울 즈음이었다. 필리핀 의료선교 갔을 때 마닐라의 사이사끼 뷔페식당에서의 추억은 잊을 수가 없다. 동시대를 지나온 일행들과 진한 공감대를 형성했던 동질감으로 함께 불렀던 노래들이 의미 있는 추억이 되었다. 6인조 기타리스트들과 함께 불렀던 〈딜라일라〉, 〈그린 그린 글래스 오브 홈〉, 〈오블라디 오블라다〉, 〈토요일 밤에〉, 〈사랑해 당신을〉 등을 부르는 동안엔 젊은 날로 되돌아 간 듯했다. 톰 존스, 클리프 리차드, 가펑클, 폴 앵카 등을 기억하는 세대여서일까. 우리는 예고 없는 깜짝 이벤트에 쉽게 동화되었고 환희에 찬 얼굴들이었다. 타임머신을 탄 듯 20대로의 시간여행은 여로의 고단함을 씻어주었고 또 하나의 추억이 되어 아련한 그리움으로 떠오른다. 내가 좋아하는 노래엔 특별한 추억이 있다. 노래가 유행됐던 시대를 공유했다는 사실만으로도 교감하던 노래이기에 감회가 깊었다. 노래는 사람의 마음을 움직이게 하는 마력이 있다.

어떤 사람에 대해 아무것도 몰라도 그 사람의 애창곡 몇 곡만 들어봐도 그 사람의 수준이나 성향과 내면의 세계를 알 수 있다. 분위기 좋은 스테이지가 아닐지라도 그곳이 설령 흔들리는 관광버스일지라도 음정 박자 리듬까지 정확하고 음성까지 좋은 사람의 노래를 듣게 된다면 이내 친근감이 든다. 음악은 울적한 마음을 치유하는 기능이 있다. 나의 마음을 대변해 주고 위안을 주는 노래를 나는 사랑한다. 혼자 있는 시간엔 어느 가수가 자신의 장례식장에서 불러달라던 〈모란동백〉의 가사를 음미하며 낮은 소리로 불러본다.

천상의 글벗 10년지기

삼가 이기택 선생님의 명복을 빕니다.

특집 글을 쓰려고 컴퓨터 앞에 앉았는데 전화벨이 울린다. 좀 늦은 시간인데 웬 전화인가. 왠지 불안하다. 오늘따라 K 선생과 통화가 몇 번 오갔고 몇 시간 전엔 내일 문병을 가기로 약속을 했던 터였다. K 선생의 침울한 목소리로 '이기택 선생님이 운명을 하셨다.'는 비보다. 너무 허탈해서 할 말을 잊었다. 두어 달 전에 모임에 안 나오셨기에 모여 앉아 전화를 드렸을 때 '이젠 행사에도 못 나갈 것 같다.'고 힘없이 말씀하시고 사모님을 바꿔 주셨다는데 병명은 말씀하시지 않았지만 중한 진단을 받았다고 짐작했었다. 언제 한번 문병 가자고 한 것이 내일로 약속을 했는데 세상 떠날 때는 단 하루도 기다려 주지 않는 게 생명인가! 이렇게 허무하게 가시다니……. 도적과 같이 찾아온 죽음 앞에서 난 얼마나 이기적인 생각을 하고 살고 있었는가. 또 한 번 통회한다. 나의 어머니의 죽음도 내 일정에 맞춰 돌아가시길 바랐었지 않았던가.

밤은 깊어 가는데 이기택 선생님의 부음으로 눈물은 흐르고 만감이 교차한다. 그만하면 다복하고 성공적인 삶을 사셨으나 남아있는 자들에겐 다시 볼 수 없다는 사실이 애달픔을 더해 줄 뿐이다.

5척 단구의 선생님은 언제나 씩씩하고 우렁찬 목소리였다. 평생교육원에 수필창작반이 개설된 다음해 2002년 봄이었다. 수필창작반 제2기로 동문수학하면서 '행촌수필문학회' 창간한 후 지금까지 나와 김재희 선생과 이기택 선생님은 동기동창으로서 10주년이 된 지금엔 3명만 남았었다. 행촌수필회원 모두가 한식구지만 우린 문학 활동을 하면서도 각별할 수밖에 없었다. 올해 여든셋, 올 봄 학기 때 건강이 허락할 때까지 수필반에 계속 등록할 것이라고 단언하셨는데 수壽를 다하신 건가! 다시는 못 올 먼 길로 들어서고 말았다. 아마 선생님처럼 수필 강의에 대한 열정이 한결같은 사람도 드물 것이다. 선생님께서 한 학기도 거르지 않고 등록하셨다고 특유의 카랑카랑한 목소리로 말씀하신 게 귀에 쟁쟁 들려온 듯하다. 정말 수필을 사랑하심을 몸으로 보여주신 선생님이셨다.

선생님은 열변을 토하기 전에 언제나 먼저 웃으셨다. 군인정신으로 무장되어 야무짐 그 자체였지만 마음은 언제나 온화하고 인자한 모습이어서 이웃집 아재 같은 분이셨다.

오후에 약속한 대로 장례식장에 모여서 문상을 했다. 작년에 선생님의 수필집 ≪그 산의 소리≫를 출간하시길 얼마나 잘하셨는지 모두 한마디씩 했다. 그때 창간회원 몇몇의 단출한 부안여행이 출간 축하 여행이었고 선생님과 마지막 여행이 될 줄 그땐 몰랐었다.

화가인 딸이 표지를 그렸고 마음먹은 대로 쓰신 글을 정리해서 책을 묶었으니 그때부터 가실 길을 준비하셨던 셈이 되었다. 허망하게 가셨지만 생각해 보면 얼마나 다복한 인생인가. 누구도 거역할 수 없는 마지막 길. 노구가 쇠잔해질 때까지 병원고생 안 하시고 집에서 사모님의 병수발과 자녀들 효도 받고 훌훌 떠나셨다. 막내딸 미국전시회까지 지장 없도록 배려한 운명殞命이시니 자녀들도 아버지도 복 받으신 분들이구나 싶어 위안이 된다. 모든 것이 생전에 선생님이 쌓으신 덕으로 고종명 하신 셈이구나 싶다. 회자정리의 애통한 마음 금할 길 없지만 근심도 고통도 없는 천국에서 영생하실 것이라는 것을 믿기에 그나마 위로가 된다. 그 옹골진 웃음이 “먼저 말하지 않는 그 산의 소리”처럼 메아리쳐 올 듯하다.

나와 행촌수필문학회 십 년의 발자취

오랜 세월 동경하고 있었던 세계였다. 낯선 길 같아 쭈뼛쭈뼛 하면서도 돌아서지 못했다. 누군가 잡아 이끌어주듯 한 발작씩 빠져드는 꿈의 세계였기에 나는 어느새 그 세계로 들어가고 있었다.

2002년 때마침 국문학과를 졸업하고 글쓰기를 배울 수 있어 기대에 부풀어 있었던 때였다. 평생교육원 수필창작반에서 공부한 지 몇 달 안 되었는데 문학 동호회 조직을 한다는 말을 들을 땐 선뜻 마음이 내키지 않았다. 아직 이르다고 생각했던 것이다. 글도 몇 편 쓰지 않았고 자신감도 없었는데 선생님께서는 내 처녀작에 칭찬을 아끼지 않으셨다. 그러나 용기를 주시려는 말씀인 줄 알면서도 극찬이 참으로 내 것인 양 욕심을 내었다. 마침 동문수학한 K 선생이 함께해보자는 권유도 한몫했다. 부랴부랴 작품을 내고 행촌수필문학회 동인지 창간호 발간에 동참하게 되었다. "네 시작은 미약하나 네 나중은 창대하리라"는 성서의 말씀처럼 22명의 발기인으로 탄생된 작은 문학회는 '행촌수필 문학회'라는 돛을 올리고 수필문학이라는 대해를 항해하려고 의기투합한 결과였다. 창간호 땐 벌써 두 분의 회원이 등단을 해서 등단작품 두 편을 싣고 짜임새 있는 동인지를 만들게 되었다. 해마다 2번씩 동인지를 발간하여 6호 때부터는 300쪽이 넘는 알차고 두툼한 동인지를 발간하기에 이르렀다. 행촌수필은 양적으로 질적으로 장족의 발전을 거듭하여 2006년 가을 동인지 10호 때 회원이 100명에 육박했고 각종 문예지 등단 및 수상자들이 행촌의 이름을 빛내게 되었다. 이제 행촌수필 군단을 이룰 만큼 대가족이 되었다. 발족한 지 4년 만에 이렇게 탄탄한 조직을 만들고 유지하기까지 구심점이 된 지도교수님의 노력의 결과라고 말씀드리지 않을 수 없다. 헌신적 지도편달에 심심한 감사를 드린다. 이제 2012년 봄 ≪행촌≫ 21호엔 137명의 행촌의 식구들은 어느 문학 행사를 가든지 주요구성원이 되고 있다. 거의 모든 회원이

₩등단을 했고 수상자들도 다양하고 수상 이력들도 화려한 행촌수필문학회의 발전은 참으로 괄목할 만하다.

옛말에도 십 년이면 강산이 변한다고 했다. 가전제품이나 IT 기기는 3개월 단위로 구식이 되는 세상이고 3년이면 상전벽해가 되는 세상이 되었다. 그런 인식 속에 우리의 십 년은 2, 30년이 흐른 오랜 세월 같기도 하고 십 년간의 변화가 우리나라의 경제성장 속도를 비유하듯 행촌수필문학회의 발전 역시 그에 비견한다 해도 과언이 아니다.

세월의 흐름 속에 초기회원이 두 분이 소천하셨고 몇 분이 노환을 앓고 계서서 뵙기가 어려운 상황이다. 현재 활동하고 있는 창간회원은 아홉 명밖에 안 된다. 창간회원 거의 다 수필집 한두 권을 출간했고 전체회원 과반수가 수필집을 내었다. 어떤 분야에 십 년 넘게 종사를 했으면 어느 경지에 도달했을 터이나 개인적으로는 작년에 수필집 ≪꽃으로 말한다≫를 출간하고 행촌수필문학상 수상한 것 외에는 내놓을 만한 성과가 없어서 부끄럽기 짝이 없다. 그러나 행촌에 대한 애정과 행촌수필문학회가 잘 되기를 바라는 초지일관의 마음은 변함이 없다.

행촌수필의 창간 회원으로서 바라고 싶은 것은 한번 회원이면 끝까지 애정과 관심으로 행촌인의 의무를 다하고 행촌의 발전에 머리를 맞대고 하나 되기를 기대한다. 가입해서 몇 년 반짝하다 소리 없이 명멸해가는 회원들을 생각하면 안타깝다.

한 가지 우려되는 것은 처음 5년까지 매년 급성장 하던 회원 증가가 둔화되어 들고나는 경향을 보이고 있는 점이다. 어쩌면 이제 행촌수필문학회가 더 여물어지고 단단해지는 현상으로 걸러지고 다듬어지는 자연법칙이라고 자위해본다. 양보다 질이 중요하고 내실이 탄탄한 문학회가 되도록 한 마음이 되기를 기원한다.

행촌수필문학회 창단! 생각해 보면 문학인으로서 내 인생의 터닝 포인트가 되었던 소중한 창단의 시절이 있었기에 문학의 바다에 허리춤을 적시며 유영遊泳하고 있는 나를 사랑한다. 행촌수필문학회 지속적인 발전을 염원하며 10주년을 자축한다.

나비를 잡는 아버지

요즘은 어려운 책보다 쉽게 읽히는 책으로 손이 먼저 간다. 어린이들 수준에 맞는 그림동화가 요즘 내 취향이 되어가고 있는 걸 보면 동심의 세계로 회귀한 느낌이다. 연필로 그린 그림이 소박하고 잔잔한 감동적 이야기임을 암시한다.

〈나비를 잡으러 간 아버지〉는 진학 못한 시골 바우와 서울로 유학 간 경환이가 방학숙제로 곤충채집용 나비를 잡는 이야기로부터 시작된다.

바우는 마름집의 아들 경환이가 매일 거들먹거리며 동네 아이들을 몰고 나비를 잡으러 다니는 꼴이 아니꼽다. 바우는 나비를 달라고 간청한 경환에게 약만 올리고 경환이 앞에서 잡은 나비를 날려 보낸다. 경환이의 심술은 바우네 송아지를 때린 것으로도 분을 삭이지 못하고 나비 잡는다는 핑계로 바우네 참외밭을 결딴낸다. 바우는 올해 참외농사가 잘되어서 식량도 사고 살림에 필요한 것들을 사고 나면 책도 두어 권 사달라고 벼르고 있던 참이었다. 망가진 참외밭을 보니 눈에 불이 번쩍했을 것이다. 경환이의 멱살을 잡고 "나비 잡는 게 중요하냐. 사람이 중요하냐." 하며 따진다. 바우는 경환이네가 참외밭 땅의 주인이라든가 자기네가 소작농이라든가 하는 복잡한 관계를 생각하고 싶지 않은 것이다. 그저 나비의 생명이 공부의 도구로서 채집이라는 이름으로 마구 잡혀지는 것이 부당한 것이었다. 부모님은 경환이 부모의 요구대로 용서를 빌라고 하지만 나빌 잡아가지고 가서 빌고 싶은 마음은 추호도 없다.

슈퍼 갑의 부당한 처사에 굽히고 타협할 수 없는 바우의 자존심은 밥을 몇 끼 굶는다 해도 굽힐 수가 없는 것이었다. 오직 그림 연습만이 낙으로 삼고 있는데 소중한 그림 노트마저 갈기갈기 찢긴 마당에 아버지의 강압이나 어머니의 권고는 반항심만 부추길 뿐이었다. 나빌 잡아 빌기 전엔 집에 들어올 생각 말라는 아버지 말씀대로 아주 집을 나가 서울 가서 고학이라도 할까 언덕 위에 누워서 떠도는 흰 구름을 보며 고민한다.

바우의 현실은 산업화 바람으로 시골 청소년들이 모두가 도회지로 떠나가고 혼자 남아 미래를 고민하던 나 자신의 모습과 닮은 데가 있다. 바우가 경환이한테 느꼈던 낙오된 느낌이 동일시되어 오버랩 된다.

고뇌와 방황 끝에 고향에서 직장을 다닐 때였다. 단조로운 직장생활로 외롭던 '산 너머 저쪽'을 동경하던 시절이었다. 어느 날 서울로 간 영희가 미니스커트 차림의 손톱에 빨간 매니큐어를 바르고 찾아 왔을 때 느꼈던 위화감 비슷한 느낌…….

〈나비를 잡는 아버지〉에서 바우의 반항적 행동은 요즘 거대담론으로 대두되고 있는 갑의 횡포에 분연이 항거한 것으로 나타난다. 불의에 대한 항거나 양심이나 질서를 지킨다든가 하는 문제에서 나 하나쯤이야 하며 외면하거나 포기한다면 정의로운 사회는 회복되기 어려울 것이다. 이 작품이 쓰여진 시대적 배경에서(1950년대) 바우의 의식은 어쩌면 나비 한 마리의 날갯짓이 아닐까. 나비 한 마리의 날갯짓이 거대한 폭풍을 몰고 오는 '나비효과'를 이룬 것처럼, 크고 작은 태풍과 우여곡절로 점철된 태평양으로 비유할 수 있는 아득한 세월을 건넌 오늘날 갑과 을의 문제가 개선되어 가고 있지 않은가. 아버지 세대처럼 절망하고 강자에게 굴종하고 부정적으로만 생각한다면 세상은 발전하지 못한다. 산업화시대에 국내 굴지의 기간산업을 건설했던 입지전적인 인물 고 정주영 회장의 말처럼 '해 보았느냐, 해 보지 않고 못 한다고 하느냐.'는 질책처럼 불가능할 것 같은 문제도 가능성을 가지고 추진한다면 개선의 여지는 얼마든지 있다고 믿는다. 정의로운 사회로 발전하기 위해선 갑, 을 문제뿐만 아니라 과학 문화 교육 제도 등 모든 분야에서 바우처럼 불의나 불가능성에 대한 개혁의지를 실현해가는 자세가 필요한 덕목이라고 생각한다.

나는 바우의 인간적 됨됨이를 두 가지 측면에서 긍정적으로 평가한다. 그가 생태자연주의를 실천하는 점과 불의에 항거할 줄 아는 깨어있는 의식의 소유자라는 점이다. 나비를 잡느라 엎드렸다 일어났다 점프하는 사람이 경환이네 머슴이 아니라 바로 자신의 아버지라는 것을 알았을 때. 바우의 놀라움과 아버지에 대한 사랑 고마움과 믿음은 바우가 아버지를 향해 동산을 내달리며 외치는 아버지! 그 이름 위에 방점을 찍는다. 아들을 향한 애면글면한 어머니의 사랑과 아버지의 반어적 어법의 냉담한 허세와는 달리 아들에 대한 사랑을 몸으로 실천한 아버지 사이에서 바우의 복잡한 마음이 심연을 파고든다.

"아버지! 그는 누구인가. 예나 지금이나 머리 셋 달린 용과 싸우는 사람! 울 장소가 없어서 슬픈 사람! 아버지! 그는 뒷동산의 바위 같은 이름이다."

나비를 잡기 위해 농립을 휘두르며 폴짝폴짝 뛰는 피로 우는 아버지의 절규와도 같은 몸짓이 잔영으로 머문다.

엄마 없는 날

독서지도사 공부를 하면서 어린이 도서에 자연스럽게 관심을 가진 덕분에 요즘엔 어린이 책을 많이 읽는다. 어린이 책들이 정말 재미있고 짧고 단순한 내용이면서도 교훈적인 이야기가 많다. 읽는 재미도 쏠쏠하여 앞으로는 성인용 도서보다 더 많이 읽게 될 것 같다. 무엇보다 어린이 책을 읽으면서 동심의 세계로 되돌아가서 순수함을 되찾을 수 있다는 것이 얼마나 큰 감동이고 큰 소득인지 새삼 깨닫게 된다. 해마다 독서지도사 프로그램에 참여해야지 해야지 하면서 기회를 잡지 못했었다. 올해 한 일 중에서 독서지도사 교육을 선택했던 것이 가장 잘한 일 중의 하나라고 생각된다. 독서지도와 독후감 쓰기는 무엇보다 손자교육에 큰 도움이 될 뿐 아니라 이보다 더 흐뭇하고 생산적인 일이 있을까 싶다.

이원수 선생님의 동화 〈엄마 없는 날〉은 단편동화 모음집 단행본에 있는 이야기 중의 하나다. 엄마가 외갓집에 가고 없는 이틀 동안의 세상 밖으로 나가는 영희의 일과 중에 겪게 되는 두려움과 엄마에 대한 그리움 등을 쓴 이야기다. 유치원을 갈 때 큰길도 혼자 건너야 하고 누렁이가 있는 대문 앞도 두려운 마음으로 지나야 했다. 장난감가게를 지날 때의 마음도 꽃을 보는 느낌도 다른 것을 알게 된다. 모든 것이 새롭고 엄마의 빈자리가 어떤 것인지 깨닫게 된다. 그리고 엄마가 길을 걸을 때 어떻게 조심할 것을 떠올리며 혼자서 길을 건널 수 있다는 사실이 자랑스럽다. 처음엔 무섭던 누렁이도 다음날엔 친하게 지내자며 마음을 열게 되니 누렁이가 꼬리를 흔들고 두려움도 없어진다는 걸 알게 된다. 밤이 되어 밝은 달을 보며 엄마를 그리고 달에게 말을 건다. 밝은 달이 엄마 목소리로 말하는 착각도 하게 된다. 언니가 있지만 엄마의 빈자리는 채워주지 못한다. 그래도 언니가 있다는 게 얼마나 위로가 되는지. 언니와 함께 노래를 부른다.

– 둥근 달 엄마 달 산들바람 타고 와
영이를 부르네 우리 영일 부르네 –

언니와 달을 보며 달 노래 가사를 바꾸어 부르니 달님도 엄마처럼 빙긋이 웃는다는 내용이다.

어릴 때는 모든 것을 엄마가 해결해 주고 엄마 곁에 있기만 하면 세상에 두려울 것이 없다. 그것은 엄마의 극진한 사랑과 믿음에서 비롯되고 있기 때문이다.

어린이에게 엄마가 없다는 사실은 끔찍한 일이다. 엄마의 존재란 절대적이어서 그 누구도 엄마의 자리를 대신해 줄 수 없다. 영이가 겨우 이틀 동안 겪는 '엄마 없는 날'의 일과는 그야말로 모험의 연속이었다. 비록 그 모험을 통해 세상을 살아가는 법을 알게 되지만 마음속에 허전함은 그 누구도 메워 줄 수 없는 구렁을 만든다는 것이다. 어린이에게 엄마는 없어서는 안 될 존재지만 세상에는 엄마가 없어 불행한 아이가 얼마나 많은지. 어떤 이유로든 엄마 없는 아이를 보는 것처럼 안타깝고 불쌍한 일은 없다. 누가 엄마의 지극한 사랑과 희생적인 사랑을 대신 할 수 있으랴.

엄마! 다급할 때, 놀랐을 때 자동으로 불러지는 이름이다. 슬

플 때 외울 때 저절로 찾는 이름이다. 어머니! 그는 만능해결사. 자식의 일이라면 물불을 가리지 않는다. 어머니의 사랑의 힘을 그 누가 당하랴!

언제나 불러보고 싶은 이름 어머니! 이름만 들어도 마음이 포근하고 따뜻해진다. 여자는 약하나 어머니는 강하다. 우리 어머니의 어머니 대대로 자자손손 어머니의 희생적 사랑은 유구하고 변함없을 것이다.

색채가 없는 다자키 쓰쿠루와 그가 순례를 떠난 해

≪색채가 없는 다자키 쓰쿠루 그가 순례를 떠난 해≫, 무라카미 하루키 著, 양억관 옮김, 무라카미 하루키의 베스트셀러 소설이 여럿 있지만 나에게는 ≪상실의 시대≫, ≪1Q84≫ 이어 세 번째의 독서목록이다. 매월 한 권씩 읽는 독서모임에서 이달의 독서로 선정한 덕분에 따끈따끈한 잉크 냄새를 맡으며 책장을 넘겼다. 예의 두 소설은 좀 어렵다고 느꼈는데 이 책은 친구와의 관계회복을 위한 이야기여서 쉽게 다가온다. 우리의 일상에서 흔히 일어날 수 있는 평범한 세계를 특별한 관찰로 새롭게 해석

하고 확장하는 탁월한 능력이 있어 책을 펴면 곧바로 빠져들게 된다. 그의 특유의 필체와 흥미진진한 전개가 책을 놓지 못하게 한다. 인간의 관계가 어떻게 소원해지며 그 관계회복을 위한 노력이 얼마나 중요한 것인가를 깨우쳐주는 이야기의 줄거리는 이렇다.

다자키 쓰쿠루는 한때 흐트러짐 없이 친밀하고 완벽한 공동체에 속해 있었다.

아카[赤], 아오[靑], 시로[白], 구로[黑]. 색채 풍성한 네 명의 친구들 곁은 다자키 쓰쿠루에게 있어 가장 소중한 장소였다.

그러나 고향 나고야를 떠나 도쿄로 올라온 그는 대학교 2학년 여름 방학, 친구들로부터 제대로 된 이유조차 듣지 못하고 갑작스러운 절교를 당한다.

그 다음 반년 가까운 시간 동안 다자키 쓰쿠루는 죽음만을 생각하며 시간을 보낸다.

친구 하나 없는 도쿄에서 혼자서 죽음에 가까운 절망을 느끼고, '돌아갈 장소'가 없는 절대적인 고독을 겪는다.

그리고 그 고통을 견뎌 낸 후 쓰쿠루는 전과는 완전히 다른 사람이 되었다.

친구들에게 입은 단절의 상처로 남에게 마음을 순수하게 터놓지 않는, 어른이 되어 버린 것이다.

서른여섯 살이 된 쓰쿠루는 도쿄의 철도 회사에서 일을 하고 있다. 겉으로 보기에는 큰 문제가 없는 삶을 영위하고 있지만 그런 그에게 16년 전 입은 상처는 언제나 안에서 피를 흘리는 '덮어 둔' 역사로 남아 있다.

쓰쿠루는 여자 친구 기모토 사라에게 '네 명의 완벽한 공동체'와 그곳에서 소외당한 경험을 이야기했다가 마음에 걸려 소화되지 않은 무엇인가를 풀기 위해서라도 다시 그 친구들을 찾아보라는 권유를 받는다.

그는 친구 사라의 말대로 그간 잊고 지내 온 것들을 되찾기 위하여 인파가 붐비는 도쿄 역에서 순례의 여정을 시작한다.

그리고 아카와 아오를 만나고 머나먼 핀란드에 있는 구로(에리)를 찾아간다.

돌아가야 할 곳, 되찾아야 할 것을 찾아 떠나는 여정은 쉬운 일이 아니었지만 새로운 관계회복을 위하여 온몸으로 부딪히며 구로를 만난다.

우리는 외형적으로는 평범하고 평화스러운 듯한 일상을 살아가지만 하나하나의 내면을 들여다보면 아픔이 없는 삶은 없다.

그 아픔의 근원은 크고 작은 오해로부터 연결되어 있음을 본다. 무심하게 보낸 16년이라는 세월이 늦은 감은 있지만 쓰쿠루의 복잡다단한 현실에서도 옛 친구들을 하나하나 찾아나서는 용기와 실천의 결단이 오해를 푸는 중요한 기제가 되었다는 것이 이 책의 핵심이 아닐까.

무라카미의 소설엔 언제나 음악이 흐른다. 음악에 대한 사랑과 음악적 취향을 공유하는 즐거움이 이 소설을 읽는 재미를 증폭시킨다는 점에서 무라카미의 폭넓은 예술적 경지를 엿볼 수 있다. 그는 음악을 그냥 인용한 것이 아니라 인생을 비유하는 통찰도 행간에 드러난다.

'인생은 복잡한 악보와 같다. 16분 음표와 32분 음표, 기묘한 수많은 기호, 의미를 알 수 없는 표시들로 가득 차 있다. 그것을 올바르게 해독한다는 것은 참으로 어려운 일이고 설령 바르게 해독했다 하더라도 또한 그것을 올바른 음으로 바꿔냈다 하더라도 거기에 내포한 의미를 사람들이 올바르게 평가하리란 보장은 없다. 그것이 행복하게 해주리란 보장도 없다.'

재즈피아니스트 미도리카의 입을 통해 표현되는 말이 가슴에 와 닿는다. '인간에게는 모두 저마다 색깔이 있는데 기분 좋은 색깔이 있는가 하면 보기에 괴로운 색깔이 있고 즐거운 색깔이 있는가 하면 슬픈 색깔도 있지.' '세상은 그리 간단히 뒤집히는 건 아니다. 뒤집히는 건 인간'이라는 말에 고개를 끄덕이게 된다. 사라의 말처럼 '기억을 어딘가에 잘 감추었다 해도 헬싱키에서 만난 올가의 말처럼 '우리네 인생에겐 어떤 언어로도 제대로 설명하기 어려운 것이 있는 법'이다. 다자키 스크루의 독백을 통해서 인간관계의 저변에 그물처럼 연계되어 있는 심리를 잘 말해주고 있다. '사람의 마음과 마음은 조화로만 이루어진 게 아니다. 오히려 상처와 상처로 깊이 연결되어 있는 것이다. 아픔과 아픔으로 나약함과 나약함으로 이어진다. 절규를 내포하지 않는 고요는 없으며 땅 위에 피 흘리지 않는 용서는 없고 가슴 아픈 상실을 통과하지 않는 수용은 없다. 그것이 진정한 조화의 근저에 있는 것이다.'

'예전에 소중한 의미를 지녔던 무언가가 점점 색이 바래고 소멸되어 가는 것을 지켜보는 건 슬픈 일이야. 생기발랄한 시대를 같이 지내며 성장했는데.' 저마다 가는 길이 다르고 추구하는 가치관이 다름으로 해서 많은 세월이 흐른 후. 어느 날 서로가 너무 멀리 와 버렸음을 의식하게 되었을 때 느끼는 고독과 허무를 체험한다. 무라카미 하루키의 사상엔 공감으로 밑줄 칠 부분이 너무도 많다.

인간관계를 가로막는 '오해'라는 악마의 영역을 어떻게 피할 수가 있을까. 이유도 모르고 왕따를 당한 주인공은 그 상처의 충격으로 6개월을 죽음의 문턱까지 갔다고 했다. 모든 걸 포기하고 딴 사람이 되어 산다고 해도 잠재되어 있는 과거의 관계회복에 대한 처절한 노력이 오해를 풀었다고 볼 수 있을지? 그러나 '시로'라는 여자는 상상과 현실을 구분 짓지 못하는 정신 착란으로 이해해야 할지. 평범한 우리의 삶에도 피로도에 따라 착란을 일으킴으로써 그 어떤 부분이 영원히 오해에 묻혔다 해도 그것을 깨닫지 못하고 살아가고 있는지도 모른다.

선인세先印稅 논란으로 물의를 일으켜 출판계가 또 한 번 도마 위에 올랐던 화제작을 독후감으로 남길 수 있다는 게 나에겐 하나의 성과라고 할 수 있다.

4부

이름을 사유思惟하다

세상에 이름 없는 것이 없다. 천하 만물의 이름은 누가 지었을까. 창세기 2장에는 인류의 조상 아담이 각 생물을 부르는 것이 이름이 되었다고 했다. 사물의 이름이나 사람의 이름에 소망을 담고 모양을 따라 용도에 따라 뜻에 따라 이름을 지으며 의미를 부여한다. 예전부터 있었던 이름도 있고 새로운 걸 발명할 때마다 이름을 붙인다. 아마도 인류의 역사는 이름 짓는 일과 함께 도도히 흘러 왔다 해도 지나친 말이 아니다. 이름이 많을수록 문명과 문화는 발달한다. 이름을 붙이는 분야도 종류도 많아질 테니까. 산업적으로 기계나 부품 이름, 문화적으로 놀이 이름 자연

산물 중에 수많은 꽃 이름, 과일 이름 동식물 이름 등등. 이름은 수없이 생성된다. 이름을 갖는다는 것은 상상 외로 대단한 의미를 지닌다. "내가 그에게 이름을 불러 주었을 때 그는 나에게로 와서 꽃이 되었다."고 시인은 노래하지 않았던가. '사람은 죽어서 이름을 남겨야 한다.'는 말은 가치있게 살아야 하는 인생의 소명을 일깨우는 주문일 것이다. 이름이 있는 진짜 이유는 뭘까? 불러주라는 '호칭'의 기능이 우선이겠지만 인간은 이름값을 해야 하는 보다 중요한 의미가 있다. 기원전 517년 제나라 경공이 공자님께 선정善政에 대해 물었다. 그에 대한 모범답안이 父父 君君 臣臣 子子였다. – 아버지는 아버지다워야 하고 대통령은 대통령다워야 하며 공직자는 공직자답고 자녀는 자녀다워야 한다 – 이는 정치문제뿐만 아니라 모든 사람이 자신의 자리에서 자기의 이름값만 잘한다면 시대가 변하여 최첨단 IT시대라 해도 요순堯舜의 태평성대가 도래하게 되리라.

사람의 이름을 지을 때 예전에는 특히, 남자 이름을 지을 때는 항렬에 따라 이름을 지었는데 금목수화토 오행 순으로 획이 들어가게 돌림자로 이름을 지었다. 귀히 되고 복되라는 마음이 간절해서 작명가를 찾기도 한다. 자녀들의 이름을 축복하듯 지었으리라. 이름은 부르기 좋고 뜻도 좋고 특성에 따라 작명한다.

이름도 시대별로 유행이 있어서 베이비붐 시대엔 순희, 영희, 순자, 영자의 전성시대였다. 한때는 우리말 이름이 유행하였는데 한자 표기가 어려워서 개명을 한 사람도 많은 것 같다. 대법원에서는 출생신고 통계에 나타난 가장 선호하는 이름을 발표하곤 하는데 남자 이름으로는 민준이, 여자 이름은 서윤이가 가장 많이 신고 되었다고 한다. 요즘에는 지적이고 예쁜 이름을 선호하여 이름을 지은 경향인데 아마도 드라마에 등장하는 이름이 유행되는가 싶기도 하다. 내 이름 석 자는 고유명사지만 나를 지칭하는 이름은 여러 개다. 내 아들 딸들의 어머니이며 남편의 아내이고 교회에서는 권사이며 문단에서는 명색이 수필가이고 이외에도 상황이나 역할에 따라 불러주는 이름이 몇 개 더 있다. 그 이름에 대해 나는 대체로 불만이 없다. 그리고 그 이름에 걸맞은 행동을 하려고 노력한다.

명절이 되면 일가친척 간에 호칭에 대해 더러 방송하기도 하는데 아들이 자녀가 생기면 아범이라고 불러야 된단다. 다른 건 몰라도 나도 아들이 결혼하고 아이를 낳으면 아범아! 하고 불러야겠다. 딸이 결혼을 하고 자녀를 낳았어도 어미 이름이 먼저 튀어나오니 말 배우는 외손녀가 어미한테 '고은아!' 하고 흉내를 내서 한바탕 웃었지만 호칭을 고쳐야겠는데 잘 되지 않는다. 내가 젊었을 때 시어머니가 남편을 부를 때 '야야!' 하고 부르셨다. 아이들이 초등학교 다닐 때쯤 텔레비전을 보시고는 갑자기 '아범아!' 하시는데 듣는 사람도 어색하고 어머니 자신도 어색하고 민망하신지 도로 '야야!' 로 돌아갔던 기억이 난다. 호칭이란 처음 부르는 게 이름으로 굳어지면 좀처럼 고쳐지지 않는다. 대표적인 게 부부간의 호칭일 것이다. 1960년대 유행가 중에 "님이라 부르리까 당신이라고 부르리까"로 시작하는 노래도 생각난다. 어느 모임에서 부부야유회를 갔는데 부부 별로 한 사람이 자기 부부를 소개하도록 했다. 소개하는 사람마다 호칭이 가지각색이서 웃음이 절로 났다. 우리 집사람, 집식구, 제 아내 또는 남편, 룸메이트, 우리 집, 내무장관, 내자, 임자, 이녁, 이편, 내편, 팔베개 친구 등 다양해서 우리말에 대한 감칠맛을 새삼 느낀다. 그러면 부부끼리 부르는 호칭은 어떤가? 젊은 사람들은 오빠라고 부르는 사람이 많다. 아이를 낳고도 오빠라고 부른다. '여보', '이편', '이녁', '누구 아빠' 또는 '누구 아버지' 하기도 했는데 '자기는 자기를 자기라고 부를 수 있는 자기가 있어 자기? 이쯤 되면 '자기' 라는 호칭이 우스개가 아닌 자기 확인의 극치가 아닐까? 내가 어릴 때 우리 동네에선 '아여~'라고 부르는 소리를 종종 들었다. 지금 생각해 보니 가장 우스운 호칭의 백미는 '아여~'가 아닌가 해서 흉내를 내본다. '아여~!'가 뭐여~.

수삼 년 전에 숙부님이 돌아가셔서 상을 치렀다. 요즘 같은 장수시대에 숙부님이 암수술도 많이 하시던 외과 전문의였으면서도 본인이 암으로 60대 초반에 돌아가셔서 충격이 컸고 온 집안이 슬픔에 잠겼다. 매사에 이성적이던 숙모님이 영감! 영감! 하며 애절하게 부르며 우셨다. 그때 순간적으로 나도 60대가 되면 남편에게 '영감'이라 부를 수 있을까? 외람되이 자문했던 기억이난다. 그리고 남편을 부를 때 호칭에 대해 자별하게 생각해 보게 되었다. 어떤 친구는 결혼하자 마자 연습을 했는지 말끝마다 '여보'라고 해서 요상하게 생각했는데 지금 생각해 보니까 '여보'라고 부르는 게 가장 적절한 호칭 같다. 처음부터 그렇게 길들였어야 하는데 결혼해서는 낯간지러워서 '예! 예!' 하며 부르다가 딸아이를 낳고는 '지은이 아빠'라고 불렀던 게 지금도 '지은이 아빠!'로 부른다. 이젠 '임자~'라거나 '여보!'라고 불러도 민망할 시부모님도 안 계시고 양주가 집안에 어른이 되었는데 누구라 부를까 그것 참 고민(?)이다. 육십 대 중반이 된 아직도 '지은이 아빠!'가 제일 편한 이름인데 습관을 고치기가 쉽지 않다. 누군가 첫발을 내디뎌 길을 내듯 부르기 시작하여 이름이 된다면 무슨 이름이든 잘 지어야 하지 않겠는가.

한끗 차이

행복과 불행의 거리는 얼마나 될까. 행복과 불행의 삶은 천당과 지옥으로 상징된다. 설명이 필요 없는 극과 극의 두 세계. 그러나 행복과 불행은 그리 먼 곳에 있지 않다. 행복과 불행은 멀고 긴 인생길에서 처마를 맞대고 엎드려 있는 한동네라는 것을 얼마나 많이 경험했던가. 생각의 차이에서 오는 감정의 세계이기 때문에 행복과 불행의 커트라인을 뚜렷하게 그을 수는 없지만, 행복과 불행은 바로 한끗 차이가 아닐까. 한끗! 그것은 사실 별것이 아니다. 그러나 별것 아니라고 말하기엔 또 너무나 먼 곳에 있고 대단한 차이라는 걸 부인할 수도 없다.

게임마다 승패의 룰이 있고 점수에 붙이는 용어가 있는 것 같다. 화투 칠 줄을 모르지만 화투놀이 하는 구경을 하다 보면 승자와 패자는 바로 한끗 차이에서 결판난다. 승부를 가릴 때 숫자로 된 점수로 계산하는 것이 보통이지만 종목에 따라 한끗에 해당하는 용어가 다양하다. 구기 종목으로는 한 골, 한 점, 한 치, 바둑이나 장기의 한 수, 씨름에 한 판 골프의 한 타 등등 이루 다 나열할 수 없지만 결국 승부를 가리는 1점 즉 하나라는 미미한 차이로 승부의 운명이 달라진다.

중고교 평준화시대가 되었다고는 하지만 자립형 사립고나 특수학교를 비롯해서 대다수의 중고등학교 입학시험을 치른다. 중고교 입시는 인생의 도정에서 제일 먼저 맞닥뜨리는 관문이다. 저마다 경험했던 한끗 차이로 인한 좌절과 환희의 순간을 우리는 잊지 못한다. 중고등학교의 합격과 불합격에서 인생의 갈림길이 시작되었다. 중고교시절의 한끗 차이의 판가름에서 절망도 시간이 흐르면 어쩔 수 없이 적응해가면서 고3이 된다. 그러나 여우를 피하면 범을 만나듯 대입이라는 더 큰 시험대가 길을 가로막고 선택에 종주먹질한다.

예나 지금이나 대학입시는 인생의 전부인 것처럼 온 가족이 고3 자녀를 칙사 대우한다. 어머니의 정보력과 아버지의 경제력에 고모, 삼촌, 이모의 정성까지 수험생 조카에 집중한다. 국가적으로 입시정책은 교육부장관의 명운을 좌우하기도 했다. 그동안 부작용이 많은 입시제도는 수없이 바뀌 봤지만 아직도 우왕좌왕이다. 학업을 위한 입시제도와 취업시험은 피할 수 없는 인생의 중대한 관문이다. 인생의 중대한 기로에서 대학입시나 취업시험의 커트라인에서 합격자와 탈락자를 결정하는 그 한끗! 그러나 합격자의 신분과 낙오자의 인생은 너무도 대조적이다. 한끗 차이밖에 안 나는 결과로 그의 진로가 결정되고 인생의 길이 달라진다. 그러니 결과가 말해주는 이 사회에서 어찌 한끗을 무시할 수가 있으랴.

무언가를 이루려면 한 걸음 한 걸음을 소중하게 생각할 수밖에 없고 최선을 다할 수밖에 없다. 세계적으로 경제가 위축되어 어느 나라건 일자리 문제가 이슈가 된 지 오래다. 취업 문제라면 멀리 갈 것도 없이 우리나라 취업문이 바늘구멍이고 보니 도서관엔 공무원고시, 임용고시, 공기업고시 모두가 고시생들로 넘쳐나는 현실이 어제오늘의 일이 아니다.

모두가 한끗 차이로 합격의 대열에 끼지 못한 장삼이사의 아들딸들이 올해도 고군분투하고 있다. 결전의 날을 앞두고 있는 아들딸들이여 힘내라. 한끗! 마음먹기 달렸다. 최선을 다하여 파이팅!

버리지 못할 이유

'새 술은 새 부대에' 담는 게 제격이다. '새 술을 새 부대'와 짝지어진다면 께름칙함이 없고 개운하다. 제 짝의 상징적 의미로 쓰이는 속담으로 새 마음 새 각오로 새롭게 시작하기 전 단계의 작업이다. 제대로 갖추어진 갈무리의 완결편이다. 이때 비로소 마음에 평안이 온다. 성경에 기록된 이 격언은 이스라엘 지방의 3대 과일인 감람나무 열매(올리브)와 무화과, 그리고 포도와 관련이 있다. 포도의 이용 방법으로 발달한 것이 포도주이며 그것이 진화하여 와인이라는 고상한 이름을 붙였나 싶다. 수천 년 전부터 포도주를 가죽부대에 담았던 건 술통 기술이 발달되지 않았기 때문이리라. 당연히 '새 술은 새 부대'에 담아 보관 해야만 부대가 터지지 않고 온전하게 보관할 수 있을 터이다. 낡은 옷에 생베 조각을 붙이면 찢어진다는 말과 같다. 경제용어로 디드로 효과와 맞먹는 표현이다.

새 아파트촌엔 모든 것이 새것이다. 새 부대에 새 술을 담기 위해 무리를 해서라도 새것으로 바꾼 결과다. 깔끔하게 살려면 이사를 자주 하라 한다. 정연하게 살려면 과감하게 버리라고 하지만 버린다는 것이 얼마나 어려운 문제인지 경험자는 안다.

집을 수리하려니 버릴 게 많았다. 주방을 둘러본다. 주방엔 소형가전 제품의 종류도 많다. 깨끗이 싸서 넣어둔 주서기에 분쇄기, 녹즙기, 조리기구의 만능 탤런트 도깨비방망이까지 갈수록 사용빈도가 낮으니 버릴까 하고 내놓다가 이들을 하나씩 장만할 때가 떠오른다. 살 때는 '날마다 녹즙을 갈아서 건강한 아침을 열리라.' 식구들의 건강이 한 잔의 녹즙에 달린 양 부지런을 떨었었지만 얼마 못 가서 시들해지고 다른 기구가 새로운 기능이 보완되어서 나오면, 없으면 뒤처질세라 사들이며 몇 년 동안 열심히 사용했다. 그렇게 사들인 주방기구들로 찬장 선반이 빼곡하다. 기능별로 한 가지씩만 추려놓고 버리리라 마음먹었다가 이 멀쩡한 이것을 왜 버리나 하며 도로 제자리에 올려놓는다. 아무리 밖에서 손님 접대하고 사는 시대라 해도 집으로 올 손님이 왜 없겠냐며 각종 그릇들도 버리지 못한다. 락스에 담가 씻고 보니 새 그릇이 되었다. 새 그릇이 된 걸 버리려니 죄 짓는 일이라며 핑계를 댄다. 집을 고치다보니 겉모습은 그대로라 해도 내부는 거의 바뀌어 버렸다. 주방도 유리창도 방 구조도 모두 바뀌었다. 새집으로 바뀌고 보니 남편과 자식만 빼고 다 바꾸라고 한 대기업회장 말이 생각난다. 새 술을 새 부대에 담고 싶은 본능적인 유혹을 과감히 떨치기가 쉽지 않다. 디드로의 주장대로라면 온갖 살림살이를 바꿀 법도 하지만 나 역시 젊었을 때 아껴가며 하나씩 장만할 때의 기쁨과 감동이 앞을 가로막는다. 손때 묻고 추억 어린 과거를 송두리째 버릴 수 없기 때문이기도 하다.

새집이 되었다고 사람이 바뀐 것은 아닐 터, 아직 멀쩡한 가구들을 버리는 것도 명백한 자원 낭비고 쓰레기 포화상태를 가중하는 처사다. 환경보호 운동에도 역행하는 일이라고 소비 억제로 포장한다. 가구를 바꾸고 집기를 바꾸는 것은 돈 들고 마음먹으면 되는 일이다. 주택은 리모델링으로 '헌집 줄게 새집 다오.'가 가능하지만 늙고 병든 몸을 어찌 새 것으로 바꿀 수 있으랴. 할 수만 있다면 노후 해 가는 내 육신이나 리모델링했으면 좋겠다. 하긴 의술이 최첨단으로 발달한 요즘엔 얼굴성형은 말할 것 없고 온갖 장기를 교체하고 보강한 덕분에 평균수명이 늘어났지만 한계가 있는 것 아닌가. '겉 사람은 후패하나 속사람은 날마다 새롭기를' 바랄 뿐이다.

얼마 전에 친구로부터 들은 이야기다. 지인의 아들이 돈을 많이 벌어 노부모를 '광廣으로 뛰고 길이로 뛰고' 할 만큼 넓은 실버타운을 장만해서 이사를 하면서 아무 살림살이도 못 가져 오게 했단다. 모든 살림 일습을 새로 들여놓고 부모님을 몸만 오게 했는데. 양주가 기쁨이 없고 남의 집에 남의 가구 빌려서 사는 기분으로 산다고 하더란다. 모든 것이 새것이고 새 맛으로 행복할 것 같은 데 왜 기쁨이 없을까. 젊어서는 꿈을 먹고 살고 늙어서는 추억을 먹고 산다고 일찍부터 들어 온 말이다. 꿈과 추억이 점철된 가재도구의 사연까지 망각의 강으로 떠내려 보냈다면 무엇을 추억하며 살 것인가. 진정한 효도란 무엇일까를 생각하게 한다.

≪아무것도 버리지 못하는 사람≫의 저자 캐런 킹스턴의 주장에 의하면 버리지 못하여 쌓아놓아 공간에 여유가 없다면 풍수의 길을 막아 일이 잘 풀리지 않는다고 한다. 어찌 보면 미신 같은 억지일지 모르나 일견 그럴듯한 주장이다. 우리가 가진 것 중에 7할은 없어도 생활에 크게 지장이 없다고 한다. 인간은 필요

에 의해 발명을 하고 좀 더 편리하게 살려고 갖가지 도구를 만들어 사용하는 호모 파베르 아닌가. 로빈슨 크루소가 혈혈단신 무인도에 난파되어서 생존해가는 과정을 볼 때 도구를 만들어 문명을 지향하는 지혜에 감탄하지 않았던가. 생존만을 위해서 필요한 건 실상 그렇게 많지 않아도 되지만 우리는 사치에 가깝도록 편리함만 추구하다 아무것도 못 버린다. 욕심이 풍요를 부르고 풍요의 악순환이 화를 부른다는 걸 알면서도 옷이며 책이며 버리지 못할 이유와 갈등한다. 결과적으로 많이 버릴 수밖에 없었지만 버리지 못할 이유를 곱씹자니 끝이 없다. 도대체 무엇이 결국은 허섭스레기가 되고 말 것을 붙들고 있게 하는가. 물질적인 것뿐만 아니라 정신세계를 교란하는 미움과 욕심과 인생의 번뇌도 버리지 못하는 걸까. 아직 내가 삶의 수레바퀴를 돌리고 있기 때문인가. 정답이 없는 우문현답을 궁구해본다.

어떤 할머니

할머니 한 분이 남부시장에서 버스에 올랐다. 동전 몇 개를 요금통에 넣고 자리에 앉았다. 버스기사가 할머니에게 버스요금을 300원밖에 안 냈다고 더 내라고 한다. 모른 척한 할머니가 한참 있더니 눈치가 보이는지 일어나서 동전 몇 개를 소리가 요란하게 넣고 와서 앉는다. 기사는 '한두 번도 아니고 왜 그러는지 모르겠다.'며 궁시렁거린다. 결국 할머니는 버스요금을 다 안 낸 셈이다. 돈도 없어 보이는 할머니한테 너무 야박하게 하는가 싶은 생각도 들었지만 버스기사는 혀를 내두르며 '막무가내 할머니들' 때문에 골치 아프단다. 듣고 보니 불친절한 기사님들도 이해가 됐다.

10여 년 전쯤 일이다. 시골에서 전주로 유학 온 손자들 밥해준다고 이웃에서 셋방살이를 하고 있는 할머니가 있었다. 처음에는 그냥 밥만 해주고 있던 할머니가 서부시장 노점에 앉아 '시골서 가지고 온 무공해 채소'라며 몇 가지를 팔고 있었다. 시골할머니가 야무지구나 싶기도 하고 손자들 반찬값이라도 보태려고 한다는 마음이 고마워서 단골이 되어 비닐봉지도 모아서 주곤 했다. 몇 년 동안 그렇게 손자들 뒷바라지를 하며 살더니 손자가 입대를 해도 시골로 가지 않고 야채를 팔며 살고 있었다. 갈수록 야채 주는 손이 가늘어지더니 알고 보니까 시골에서 농사지은 것을 가지고 온 게 아니고 새벽에 남부시장에서 몇 가지씩 받아다가 팔고 있었던 것이었다.

어느 날 골목을 쓸고 들어오다가 저만큼 학교에서 돌아오고 있는 딸이 어떤 할머니와 뭘 주고받는 모습을 보게 되었다. 딸이 오길 기다려서 무슨 일이냐고 물었다. 어떤 할머니가 시골 갈 차비가 없다고 1000원만 달라고 해서 드렸다고 한다. 아니 금방 내려간 그 할머니 저 이웃에서 손자 밥해주는 할머닌데 그랬구나 하고 말았다. 며칠 있다가 학교 간 딸이 오더니 또 그 할머니가 차비 없다는데 돈이 없어서 못 주었단다. 말을 듣고 보니 엊그제도 어떤 학생과 할머니가 뭐라고 했던 장면이 떠올랐고 상습적으로 착하게 보인 여학생한테 손을 벌렸다는 게 짐작이 되었다. 순간 괘씸한 생각이 들었다.

요즘은 시어머니들과 함께 사는 가정이 드물어서 그럴 일이 없지만 그때만 해도 시골에서 고부간의 갈등이 있으니까 고육지책으로 할머니들이 손자손녀 밥해 주러 와서 따로 사는 집들이 많았다. 고부간의 갈등으로 불화하며 사느니 손자사랑이 각별한 건강한 할머니한테 손자들 맡기는 것도 서로 안심하고 살 수 있는 합리적인 방법이구나 생각되기도 했다. 그 할머니도 아마 그런 사연으로 손자들 밥해 주고 있다가 손자들 교육이 끝났는데도 집으로 가지 않고 살고 있었나? 짐작했다. 동정심도 갔지만 마음이 씁쓸했다. 언제부턴가 할머니가 돌아가셨는지 요양원을 갔는지 보이지 않고 내게서 잊혀갔다.

고샅에서 리어카로 종이 수집하는 정갈한 차림의 할머니를 만났다. 신문을 모았다가 한 박스씩 주면서 종종 와서 가지고 가시라고 했다. 손자들 용돈 주는 재미로 지금은 건강하니까 종이 수집을 한다는 말이 고마웠다. 시어머니 간식으로 사다놓은 빵을 드리곤 했더니 '사모님 고맙다.'는 말을 잊지 않았다. 띄엄띄엄

오시던 할머니가 신문지가 넘쳐나는데도 통 안 오기에 언젠가 적어놓은 전화번호로 전화를 했더니 할머니가 병이 났단다. 몇 달 뒤 우연히 서부시장에서 초췌해진 할머니를 만났다. 그동안 뇌졸중으로 쓰러졌었고 많이 좋아져서 며느리랑 병원 갔다 오는 길이었다. 어찌나 마음이 안됐던지 얼른 슈퍼에서 빵을 주섬주섬 한 봉지 사서 며느리 손에 들려주었더니 고마워서 어쩔 줄 몰라 했다. 빨리 쾌차하기를 빈다며 헤어졌는데 마음이 짠했다. 그 뒤 할머니가 돌아가셨다는 말을 들었을 때 너무나 서운하고 마음이 아팠다. 몇 년 동안 종이 수집하러 오신 할머니와 정이 들었던가 보았다.

키가 건정한 할아버지가 열려진 대문으로 들어와 신문지 모아놓은 것을 달라 해서 주었는데 대문 밖에서 좋은 것만 추려가고 어질러 놓고 갔다. 종종 집이 비었어도 열린 대문으로 들어와서 어질러 놓고 가는 것이었다. 화가 나서 다음엔 대문을 열어 놓지 않았다. 근래엔 종이박스를 수거하고 다니는 노인들이 부쩍 늘었다. '연금이 없으면 종이 줍고 다녀야 한다.'는 친구 남편의 말이 생각났다. 빈곤층 노인들이 많다는 방증이리라. 누군가 종이 수집도 해야 자원도 환원하여 재사용도 하고 청소도 되지만 노인들이 하기엔 힘든 노동이다. 등이 활처럼 굽은 할머니 할아버지들이 종이박스 수집하고 다닌 걸 보니 마음이 편치 않다. 생활정보지를 통째로 가져가는 노인을 볼 때면 그냥 못 지나친다. 어떤 아저씨한테 '자녀들이 자기 부모들이 종이 줍고 다니는 걸 알까요?' 했더니 노인들이 다 돈이 없어서 박스 수집하는 건 아니란다. 어떤 할아버지는 몇 억대 부자인데도 종이 수집을 한다고 한다. 자식들이 말려도 노탐이 생겨서 궁상을 떠는 사람도 있다고 한다. 늙으면 고집도 세어지고 판단력도 흐려져서 자기만 옳다고 주장하니 세대갈등을 어쩔 수 없는가 싶다. 구직난이 극심한 요즘은 박스 수집도 운전을 하고 다니는 중년층에게 빼앗겨서 그것마저도 쉽지 않다고 한다. 장수시대에 노인인구는 많고 노인범죄자도 많다. 각종노인문제가 사회적 이슈가 되고 있다. 노인문제는 이제 남의 이야기가 아닌 바로 이웃의 문제요 나의 문제가 되어 가고 있다. 그러나 노인이 되기까지 삶의 풍부한 경험과 지혜를 전해주는 인생의 선배로서 존경받는 노인들이 더 많다. 노인들의 삶의 풍경을 보며 타산지석으로 삼을 일이다. 마음이 따뜻하고 고상하고 곱게 늙어가고 싶다.

감사를 모른다

한옥마을 은행나무 정자에서였다. 비가 오락가락한 날씨였다. 아이를 업고 둘은 걸리고 요즘 엄마 같지 않은 젊은 엄마가 정자 위로 올라왔다. 말이 서툰 것이 다문화 엄마임이 분명했다. 아이 옷은 조금 젖었고 코까지 흘리고 있어 감기 걸리겠다고 휴지를 꺼내서 닦아주었다. 아빠랑 함께 오지 않은 것이 보기에 편치 않았다. 아이를 데리고 다닐 땐 옷을 하나 더 갖고 다녀야 한다며 감기 걸리니까 서둘러 집으로 가라고 말해 주었다. 아이가 칭얼거려서 가방을 뒤져 과자 남은 걸 쥐어주자 울음을 그쳤다. 마침 동화책을 갖고 있어서 책을 읽어 줄까 하고 책을 꺼내며 그림을 보여주려는데 엄마가 아이를 끌고 말도 없이 내려가 버렸다. 내가 너무 친절해서 이상해 보였나? 다문화가정이니까 뭘 몰라서겠지 하며 나를 다독였다.

가을이 깊어가니 농민들에겐 익어가는 곡식 거둘 채비로 부산하다. 과일에 단맛을 깊게 하니 여우 꼬리만 한 가을볕도 아쉽다. 풍요로운 결실의 계절이 그저 고마울 뿐이나 밭 한 뙈기도 없으면서 해가 짧아 가니 덩달아 동분서주한다. 운전을 못하니 버스 탈 일이 많다. 호반촌에 있는 문학관에 갈 일이 있어 정기적으로 버스를 탄다. 그쪽 대학생들이 내리고 나면 버스가 텅 비어 털털거린다. 반대로 집으로 올 때는 한 무리가 오르는 바람에 버스가 가쁜 숨을 쉰다.

어떤 여학생이 버스요금 통에 돈을 넣으려다가 주위를 둘러보며 너무도 자연스럽게 백 원이 모자란다고 말하기에 얼른 내 주었다. 100원짜리 동전, 고물가 시대에 별로 값어치 없는 액수인데도 부족할 땐 이렇듯 난감하다. '1엔을 보고 비웃는 자는 1엔 때문에 운다.'는 일본속담이 생각나고 모르는 사람이지만 부담 없이 빌릴 수 있는 동전 한 닢의 가치를 생각하게 한다. 여학생은 고맙다는 인사도 없이 빈자리로 도망치듯 가서 자리를 잡았다. 고맙다는 인사를 받고자 동전을 준 건 아니지만 고마울 가치가 없는 듯한 무가치함은 차치하고 뭔가 맥 빠진 기분이다. 앞기에 바빠서겠지 하고 나를 다독인다.

시골초등학교 방과후 수업을 맡았다. 방과후 수업은 한자, 영어, 수학 말고도 가야금, 바이올린, 단소를 비롯해서 각 분야별로 무료로 다 배운다. 저녁밥까지 먹여가며 교재 값도 안 받고 일기장이나 연습장까지 복사해서 무상으로 제공한다. 배우려는 욕심만 있으면 돈 한 푼 안 들이고 고가의 과외비를 줘야 하는 분야까지도 다 배울 수 있다. 그뿐만 아니다. 3주 만에 한 번꼴로 당일치기나 1박 2일 현장학습을 무료로 보내준다. 참 우리나라 좋은 나라다. 물론 특별히 선택된 학교 중의 하나이긴 하지만 세계 경제 7위 국가의 교육환경을 실감할 수 있다.

학교 건물도 리모델링을 해서 도회지 학교보다 더 멋지고 얼마나 쾌적한지. 운동장에서 뛰노는 학생들의 목소리가 낭랑해서 마음이 푸르러진다. 화단에 꽃들도 계절 따라 피어 있고 잘 정돈된 교정이 그림같이 정겨운 학교다. 교장선생님을 비롯해서 가족 같은 분위기의 선생님들도 남다른 열정으로 아이들을 지도하고 있다. 복지국가의 교육모델이 이런 것이다 싶다. 참 행복한 교육현장이다.

문제는 모든 걸 다 제공해주니 아낄 줄도 모른다. 아이들이야

뭘 모르니까 그렇다 쳐도 학부모들은 더 많은 걸 바라고 당연한 것처럼 요구한다.

북유럽의 복지정책에 제동이 걸리듯 우리나라도 이미 여러 분야에서 복지 포퓰리즘 문제를 야기하고 있다. 그럼에도 불구하고 18대 대선 후보들은 경쟁적으로 복지정책카드를 들이밀고 있다. 예산을 어떻게 충당할지 대안은 희미하고 장밋빛 복지정책만 쏟아 낸다. 모두가 나랏빚으로 사탕발림만 일삼을 뿐 책임은 누가 질지 구체적 대안이 없다. 누가 대통령이 돼도 세율인상은 불가피해 보인다. 행복의 나라로 가는 복지국가를 지향하지만 재원이 문제다. 선별복지냐 보편복지냐의 논란도 많다. 도를 넘는 복지정책이 결국 제 살 깎아먹는 줄 모른다. 우선 내 주머니에서 돈이 나가지 않으니 체감이 둔한 탓도 있다. 어른이나 아이들이나 감사를 모르는 것도 공짜심리가 만연된 탓일 게다.

나랏빚 무서운 줄 모르는 이즈음 "조국이 여러분에게 무엇을 할 수 있는가를 묻지 말고 여러분이 조국을 위해 무엇을 할 수 있는가를 자문하라."는 존 F 케네디의 대통령 취임사가 간절히 생각난다.

어떤 도둑

도둑이 들면 허탈해야 할 기분이 이렇게 흐뭇하고 고소하고 행복하다니 참 이해할 수 없는 기분이다. 딸들이 명절 때 친정에 왔다가 가면 '주고 싶은 도둑'이라는 속담을 실감한다. 며칠 전부터 갈 때 챙겨줄 목록을 메모를 해놓고 딸들이 오기를 기다리는 즐거움도 소소한 재미이고 행복이다. 간혹 냉장고에 넣어놓고 챙겨주다가 가고 난 뒤에 빠뜨린 물건이 발견되면 그 아쉬운 마음은 경험해본 엄마만이 안다.

시집간 딸들 몫을 챙기면서 내가 곧 필요한 것도 '내 몫은 나중에 챙기지.' 하면서 있으면 우선 싸주고 본다. 사소한 것까지도 챙겨주다 보면 좀도둑 들듯 없어진다 해서 자식들을 '주고 싶은 도둑'이라는 이름이 붙었나보다.

내가 왜 이럴까 하면서 문득 시어머니를 발견한 것이었다. 30년 넘게 시어머니를 모시다가 돌아가신 지 5년이 지났다. 며느리가 알탕갈탕 사놓은 잡곡을 당신 딸에게 싸주시던 어머니였던지라 딸이 잘사는데도 그런 어머니의 마음을 도무지 이해할 수가 없었다. 딸들이 못 살아서 바리바리 싸주고 싶은 게 아니라는 걸 깨달으면서 어머니를 이해하는 마음이 고개를 들기 시작했다.

아들과 딸을 골고루 주셔서 딸들이 성장해가는 과정을 통하여 이해의 폭을 넓혀갈 수 있었던 것도 생각해 보면 새삼스럽게 감사하다.

딸들이 자신의 자녀를 낳아 기르면서 부모님에 대한 은혜와 사랑에 감사를 알게 된 것도 내 인생길에서 똑같이 체득했던 교훈이었다. 그 어떤 명설교로 교훈을 준다한들 몸소 체험하고 알게 된 불효에 대한 후회와 감동을 대신 할 수 있을까. 사람마다 정도의 차이는 있지만 손자를 보게 되면 손자녀한테 시간을 투자해야 할 때가 많다. 이때의 시간과 물질을 투자라고 해야 맞을지 빼앗긴다고 해야 맞을지 표현이 모호하다. 딸이 없거나 아직 결혼을 안 시켜본 친구들은 속 모르고 한마디 한다. '왜 그 애는 자기 엄마를 그렇게 귀찮게 한다니?' 함께해야 할 친구를 빼앗긴 서운한 마음에 무심코 한 말일 게다.

요즘 엄마들은 아이 키우는 데 필요한 온갖 용품들을 돈으로 해결하여 시간을 절약할 수 있는데도 아기가 아프면 전전긍긍한다. 지난 주말에는 손녀딸이 감기가 오래가더니 폐렴으로 입원을 했다. 이것저것 만들어 싸들고 득달같이 갔다. 주말에도 계속 일정이 짜여있어서 모처럼 낸 시간이었다. 큰애는 어린이집에 맡기니까 수월하겠다 싶은데도 애 키우느라 어미 얼굴이 쏙 빠졌다. 마음이 짠하다. 제 말마따나 친정 가까이 사는 것도 큰 복이라는 말에 고개가 끄덕여진다. 그래서 원룸을 얻어서 몇 년간 아들집 근처로 이사를 할까 생각 중이라는 친구의 말이 공감이 갔다. 실제로 원룸족 중에는 그런 어머니들이 많다. 손자들 봐준다고 자기 노후생활을 포기하는 것이 노년의 3대 바보에 속한다고 비난하지만 막상 귀여운 손자 앞에 꼭 필요한 할머니의 손길이라면 나 몰라라 하고 몰인정할 할머니가 몇이나 있겠는가 싶다. 고속버스 옆자리에 앉은 내 또래 엄마도 아들 집에 주말마다 바리바리 밑반찬을 만들어 손자 봐주러 간단다. 직장 다니며 박사 공부한다는 며느리를 외면할 수가 없어서라고 한다. 형편과 처지가 여의치 않아서 못할 뿐 할머니가 손자 돌보는 일은 개인의 문제를 떠나 국가적인 육아문제에 가장 좋은 대안이 될 것임은 자명한 일이다. 젊은이들 살아가기가 힘든 세상에 맞벌이는 불가피한 현실이 되었다. SOS를 요청할 시어머니나 친정엄마가 있다면 그나마 얼마나 다행한 일인가. 대가족 형태의 가정에서 인성교육이나 기본예절도 배우고 자랐는데 불과 몇 십 년 사이에 양육 풍속도가 어린이집으로 바뀌어 버렸으니 혈육의 애정에 비교할 수 있겠는가. 생산시설의 물품처럼 기계적이고 의무적인 아이 다룸이 우려될 뿐 인성이 각박해져가는 현실에 입맛이 씁쓸하다. 이제 주고 싶은 도둑에게 물질이든 사랑이든 줄 수만 있다면 이 또한 인생 말년에 누릴 수 있는 최고의 행복이 아닐지. 가정의 달 오월! 이 푸르러 가는 계절엔 주고 싶은 도둑들이 있어서 더욱 감사하다.

인사를 나눕시다

어릴 때 조부모님이 가장 강조한 교육이 인사성이었다. 사람과의 관계에서 호감을 느끼게 하는 방법 중에 인사성이 제일 중요한 덕목이기 때문이리라. 인쇄소 판촉물로 노트를 주던 시절이 있었다. 검정 가죽노트 뒤쪽에 생활정보 부록에도 '호감을 주는 방법'이 나열되어 있었는데 '이름을 잘 기억하고 인사를 잘할 것'이 일 순위로 적혀 있었다. 인사의 수단도 여러 가지가 있다. 대표적으로 언어를 통하여 인사를 한다. 미소로서 보내는 목례, 손을 잡고 흔드는 악수와 거수례가 있다. 동년배끼리는 손을 흔들어 알은 체하는 것도 다반사다. 요즘은 서양 사람들처럼 친한 정도에 따라 포옹도 자연스럽게 한다. 어린이들에게 한자수업할 때 조상들의 전통 예절교육으로 큰절하는 방법과 두 손을 모아잡고 허리를 굽히는 공수 예를 가르친 적이 있었다.

아이가 태어나서 말을 배울 때 말로서 인사를 가르친다. "안녕하세요." "안녕히 주무셨어요."를 수없이 시키면서 동시에 머리를 누르며 고개를 숙이도록 인사를 시켰다. 바로 행동이 따르도록 얼마나 가르쳤던가. 아이는 말은 못해도 말귀를 알아듣고 아무나 보면 머리를 숙여 인사하고 헤어질 땐 고사리 손을 흔들며 '빠이빠이' 하는 모습은 '귀여운 아이'의 상징이다. 예절을 중시하던 '동방예의지국'의 근저에는 온 동네 어른들이 내 손자처럼 동네아이들의 교육을 담당해 왔다 해도 과언이 아니다. 어른 아이 할 것 없이 몸을 굽혀 인사를 할 때 마음에서 공경심이 일어나고 진심이 담겨있어 미더워 보인다. 어른이 되어서도 그 사람의 태도를 보면 어릴 때 가정교육이 어땠는지 저절로 나타난다. 사람마다 개인차는 있겠지만 대가족제도에서 자란 사람과 핵가족으로 자란 사람이 차이가 난다. 할아버지 할머니 교육을 받으니까 장유유서가 몸에 배어서인지 남을 배려할 줄 안다. 그들에게선 어딘지 모르게 토속의 향수를 느끼게 되는 건 나만의 편견일지 모르겠다.

인사법도 시대에 따라 특징이 있다. 옛날에는 '안녕하세요.' 보다 '진지 잡수셨능기요.' '밥 먹었냐.'는 인사를 많이 했다. 보릿고개 시절에 밥 굶는 사람이 많아서란다. 요즘엔 봉사단체나 종교단체 사회복지시설 등에서도 식사를 제공하니 식사여부를 묻는 대신 '안녕하세요.'라는 인사가 제일 많고 또 무난한 인사라고 생각한다.

가정교육이나 학교교육의 첫걸음이 인사성을 강조하는 데 전적으로 동의한다. 사람을 평가할 때 인사성이 기본이라는 것은 예나 지금이나 다름이 없으리라. 사람이 아무리 인물 좋고 솜씨 좋고 백 가지 재주가 있는 실력파라 해도 인사성이 없다면 인간으로서 기본이 없는 사람이다. 기업의 면접시험에서 인사하는 태도를 보고 최종합격 여부를 결정한다는 말이 있다. 처음 들어와서 인사하고 면접 끝나고 나갈 때의 태도와 '고맙습니다.'와 '수고하십시오.' 인사 중에 '고맙습니다.'로 인사하는 사람에게 점수를 준다고 한다. 인사의 언어 속에는 그 사람의 됨됨이가 나타난다.

맨날 만나는 남자에게 볼 때마다 인사를 했다. 그 사람은 먼저 인사하는 법이 없다. 나보다 연장자여서 일방적으로 어른대접으로 인사를 하곤 했다. 그러면 표정이라도 웃는 낯으로 대해야 하는데 인사도 받아 주는 둥 마는 둥 어떤 때는 대답도 않는다. 인사를 하고도 무안하고 유쾌하지 않아서 인사할 정이 뚝 떨어져 버렸다. 마음을 크게 먹고 다음부턴 아예 인사를 안 했다. 다른 사람들하고는 인사도 하고 얘기도 나누는데 그와는 싸운 사람들처럼 의식적으로 꽤 오랫동안 인사도 안 하고 지냈다. 사람들이 가끔 '누구는 인사할 줄도 모른다.' '생전 인사하는 법이 없어.'라고 말할 때 '먼저 보는 사람이 인사하면 될 게 아니야.'라고 생각했는데 실제상황에서 의외의 관계가 돼버렸다. 그런데 며칠 전 그가 먼저 말을 걸어왔다. 운동기구를 사용하려니 좀 비켜달라는 말이었다. 동기야 어쨌든 먼저 말을 걸어왔기에 다음날부턴 다시 인사하기 시작했다. 인사성 밝은 사람은 자주 만나는 사람에게 자연스럽게 인사를 한다. 미국에 자녀가 사는 집에 다니러 가서 지내다 온 분들에 의하면 미국사람들은 처음 본 사람들에게도 무조건 인사를 한다고 이구동성으로 말한다. 아이러니컬하게도 동방예의지국이라는 한국인들은 요즘엔 인사를 잘 안 한다. 개인주의 시대가 되어서인지 붙임성 없는 성격 때문인지 누구에게나 인사를 하지 않는다. 아무리 자주 만나도 인사할 여지를 주지 않고 시선을 돌려버리면 서로 본 둥 만 둥 하는 사이가 되어도 불편하지 않았다. '인사하고 지내는 사이'가 따로 있다.

아마도 한국사람 특유의 유유상종 문화가 따로 있어서인지 모르겠다. 그러나 사람의 위치상 무조건 인사를 해야 하는 사람 있다. 본인의 부모를 알 만한 사람이라고 생각될 때는 무조건 인사를 해야 부모에게 욕이 돌아가지 않는다. 이때는 '인사하고 지내는 사이'와 상관없이 불특정 다수라 할지라도 인사를 안 하면 본데없는 사람이 되고 만다.

인사는 인간관계 맺기의 기본단계다. 인지상정으로 상호조응이 있어야 관계가 지속된다. 높은 자리에 있다고 인사를 해도 뻣뻣하게 거만을 피우면 인심을 잃는다. 비록 그 앞에선 굽실거려도 돌아서면 불쾌해 하고 점수를 깎는다. 아무리 아랫사람이라 해도 감정이 있고 속이 있다. 평상시엔 만나기도 어렵던 사람들이 선거철이 되면 갑자기 굽실거리고 자기를 기억해 달라고 너무 친절하게 다가온다. 속이 훤히 보이게 갑자기 사람을 표로보고 대하는 사람들에게 표를 줄 리 없다.

층간소음의 갈등이 심각할수록 '인사하고 지내기' 캠페인이라도 벌여야 할 것 같다. 이사하는 딸에게 아래층에 과일이라도 들고 인사하는 것 잊지 말라고 당부했더니 아래층 할머니와 잘 지낸다고 한다. 만날 때마다 손자손녀도 인사를 잘하니 귀여워해주신단다. 인사를 잘하면 층간소음 갈등은 야기되지 않을 뿐만 아니라 좋은 이웃사촌이 되는 게 인지상정이다.

자녀교육엔 인사하는 법은 아무리 강조해도 지나치지 않는다. 예로부터 출필고出必告 반필면反必面, 잘 다녀오겠습니다. 잘 다녀왔습니다. 를 반드시 가르쳤다. 세상이 어떻게 변하든지 이것만은 꼭 자녀들에게 습관이 들도록 가르칠 일이다.

젊은 시절 인기드라마 주제가가 생각난다. 주말 드라마던가 시트콤이었던가. 매일 아침 청아하게 울려 퍼지던 내가 즐겨 부르던 노래였다.

안녕하세요~ 안녕하십니까.
인사를 나눕시다. 명랑하게
일 년은 삼백육십오 일~

사시斜視 교정하기

'몸이 천 냥이면 눈이 구백 냥'이라는 속담은 눈이 보배라는 말을 가장 명징하게 표현한 말이다. 눈이 마음의 창 역할을 하는 것도 눈을 통하여 세상을 보고 머리로 생각하고 마음으로 느끼는 순서로 사물을 의미화 하는 첫 관문이기 때문이다. 신체장애 중에서 시각장애가 가장 중한 장애로 치는 이유다.

눈과 관련된 한자의 기본은 대체로 두세 가지가 있다. 하나는 눈의 모양을 본뜬 눈 목目 변이고 다른 것은 눈의 기능을 뜻하는 볼 견見 볼 시示 변이다. 눈과 관련된 글자들을 파자하여 보면 재미있는 것이 많다. 몇 가지 예를 들면 안眼 자는 뜻과 발음으로 눈 자체를 말하고 시視는 눈의 기능을 대표하는 글자쯤 될 것이다. 신神을 뜻하는 볼 시示 변이 들어간 시視는 시신경이 귀신만큼이나 예민한 기관이라는 게 짐작이 간다. 맹盲은 눈이 망했으니 눈이 없는 것이나 마찬가지이고 성省, 람覽, 관觀, 찰察은 모두 살피는 눈이다. 볼 간看은 먼 곳을 볼 때 자세히 보려고 손을 눈 위에 얹고 본다는 회의문자이다. 비춰서 밝게 보는 조명照明, 조감도鳥瞰圖는 새가 위에서 내려다보는 모습처럼 그린 그림이다. 흔히 건축물이나 시설물을 조성할 때 완성된 조감도를 공사장에 세워놓고 공사를 한다.

아침에 눈을 떴을 때 무슨 생각을 하고 무엇을 보는가는 그 사람의 하루의 기분을 좌우하고 하루의 일과를 결정짓는 경우가 많다. 꽃처럼 아름다운 것만 보고 좋은 소식만 듣고 산다면 얼마나 좋으랴만 눈만 뜨면 우리는 미디어를 통해 사건 사고에서부터 정치판의 이전투구, 실세들의 특혜나 부패상까지 부정적인 사회상의 나열을 대하고 산다. 세상 소식은 어둡고 답답하다.

부부싸움이랄 수는 없지만 남편과 시사문제에 대한 시각 차이를 느낄 때가 있었다. 생각해보니 젊었을 때부터 보아온 조·중·동이라고 하는 보수신문 때문이었다. 비교적 기획물이 유익하고 스크랩하기가 좋아서 오랜 세월 보게 된 것 같다. 당연히 보수적인 시각으로 세상을 판단하고 의식이 한쪽으로 치우쳤던 것이다. 직장에서 여러 신문을 대하는 남편과 의견이 다를 수밖에 없었다. 보수정치에 대한 회의적인 측면도 작용한 것일까. 한쪽만 보는 사팔뜨기라면 반듯이 교정을 해야하지 않겠는가 하는 생각으로 진보 신문을 하나 더 보기로 했다. 신문 두 개를 보자니 할애할 시간이 만만치 않다. 즐겨 읽는 오피니언만 보려고 해도 무슨 일이든 서두르지 않으면 신문 볼 시간이 나지 않는다. 편향된 의식도 문제고 구독료가 아까워서라도 신문을 훑어봐야 마음이 편하다. 진보와 보수 두 가지를 몇 년을 보다 보니까 이젠 시각이 교정된 것 같고 중심을 잡은 것 같다. 언론에 대한 신뢰도 수위를 조정하고 언론의 폐해도 감안해서 받아들인다. 다행히 아직 안경을 안 끼고도 신문 보는 데 지장이 없으니 얼마나 감사한지. 활자를 못 보게 되는 내 인생이라면 생각만 해도 우울하다. 우리는 신체적 장애에 대한 사회적 통념이나 편견을 깨고 상상을 초월한 입지를 굳혀가고 선도적인 역할을 해내는 인물들을 종종 만난다. 신체적 장애보다 더 문제가 되는 것은 건강하지 못한 편향된 시각이나 고정관념일지도 모른다.

잘못을 알았으면 바로 시정한다거나 열린 마음으로 생각의 전환을 꾀하는 자세가 중요하다. 나이가 들수록 고착화된 생각을 버리지 못하는 경향이 있어 의식의 양극화가 일어난다. 의식의 양극화로부터 시작된 심각한 사회병리현상이 도처에서 발생한다. 사람의 의식수준에 따라 견해의 차는 천차만별이지만 대체로 보수신문을 보느냐 진보신문을 보느냐에 따라 갈래가 확연해진다. 세상일이 동전의 앞뒤 같아서 같은 상황이라도 이쪽에서 보면 옳은 것도 저쪽에서 보면 반대의 해석이 나온다. 빛과 그림자처럼 시각의 차이가 뚜렷해진다. 서로를 견제하고 보완할 수 있는 보수와 진보 두 개의 바퀴가 있어 이 사회가 제대로 굴러가는 건지 모르겠다. 두 가지 신문을 보길 참 잘했다 싶다.

고무신 장사가 짝짝이신 신는다

나이 들어가면서 전원주택에 사는 사람들이 부럽다.

아파트 삶에 신물을 느끼는 사람들에게 한국의 전원주택은 여유로움과 평안을 구가하는 상징처럼 인식되어지기 때문일지 모른다. 그것이야말로 1970년대 히트를 쳤던 가요 중에 "저 푸른 초원 위에 그림 같은 집"이기 때문이다.

주택이라도 내부의 주거환경은 서구화 되어 입식주방과 양변기로 편리함과 위생적으로 지어서 살기에 불편함은 없다. 공기 좋고 물 좋고 풍광 좋은 곳에 아담한 그림 같은 전원주택을 누군들 꿈꾸지 않겠는가. 게다가 텃밭을 손수 가꾸어 청정 먹을거리를 자급자족하니 건강생활은 물론이고 평안과 행복의 시너지효과는 배가 되리라.

전원주택을 장만한 사람들은 행복한 주거환경에 대한 꿈을 이루기 위해 고생도 마다 않고 애쓰고 힘썼을 것이다. 지금 그들이 누린 행복은 그에 상당한 보상인 셈이다.

한때 학교 관사에서 살았던 전원생활을 아름다운 추억으로 간직한 친구의 이야기가 생각난다. 원래 농사꾼이 아니어서 가꾸는 것도 배워가며 손수 가꾼 채마밭이 제법 어우러지니 초보 농사꾼의 자긍심도 생겼다. 자고나면 한 뼘씩 뻗어가는 호박넝쿨. 호박꽃이 맺히면서 호박이 열리고 가지 오이 풋고추가 열리는 재미는 말할 수 없는 행복을 안겨주었다. 주인의 발소리를 듣고 자란다는 채소들은 일거리가 많았고 푸성귀는 넘쳐났다. 이제 나누는 재미도 쏠쏠했지만 나누어 주기 위해선 다듬고 그중 좋은 것으로 가려서 갖다 주어야 하는 일이 쉬운 일이 아니었다. 어찌 보면 한두 끼 먹을 채소가 별것 아닐지 모른다. 시들기 쉬운 푸성귀를 사람이 없다고 아무 때나 휙 던져놓을 수도 없고 신경을 써서 전해줘야 하니 보통 어려운 게 아니었다. 정작 본인은 버리기 아까운 못난이만 먹어야 하더란다.

남편이 퇴직한 다음날로 제2의 직업을 선택한 친구가 있다.

개업하는 날 가보니까 그 남편은 퇴직 후 할 일을 위하여 30년 전에 자격증을 따 두었고 종사할 일에 관련된 공부와 준비를 꾸준히 해왔던 것을 알 수가 있어서 얼마나 감탄했는지 모른다. 그런 그들 부부가 꼬박 4년을 종사하더니 사무실 계약기간이 만료됐다고 미련 없이 그만두었다. 사무실을 열어놓고 매여있으니 퇴직하고 누릴 수 있는 여가를 반납해야 했고 운신의 제약이 스트레스를 가중 시켰던가 보았다. 남편이 부지런한 분이라 봄부터 가을까지 시골 다니며 농사 짓는다고 꿈에 부풀어 이것저것 심고 가꾸더니 볼멘소리다. 비싼 종자 사고 웰빙 식품 먹겠다고 농약을 전혀 안 하면 도저히 건질 것이 없단다. 고구마 심은 것이 가뭄을 타서 말라 들어가는 걸 보고 물 퍼 나르느라 몸살이 나서 며칠 동안 물리치료 받으러 다녔다. '사먹는 것이 싸더라. 사먹을 때는 싸게 사려고 했는데 농산물 싸게 살 생각 말아야겠다.' 고 힘주어 말한다. 그 역시 농사지어 보니 좋은 것은 종자값을 건질까 하는 생각이 들었다. 일부는 형제나 친한 사람들한테 나누어주고 못난이는 남 줄 수도 없어 역시 자기네가 먹게 되더란다. 내년에는 농사 못 짓겠다니 두고 볼 일이다.

행복의 유효기간은 얼마나 될까? 어쩌면 식상한 질문이지만 세상에는 만족이 없다. 이것이 좋을까 해서 해보면 힘들고 어려운 점이 많고 처음 의욕이 시들해지는 것이 세상사다. 아무리 값비싼 옷도 새 물건도 사랑땜이 끝나면 처음 사랑이 식어진다. 우리는 왜 한계효용체감의 법칙을 거역할 수 없는 것인가.

농사지어서 나누어 먹는 행복이 시간이 갈수록 상쇄되어 가는 것도 나누기 위해 쏟은 정성에 비해 경제적 가치가 비교되기 때문일 게다. 정작 못난이만 먹게 되고 보람을 느끼기는커녕 성가신 일의 노예가 된 느낌 때문이리라. 자급자족? 어느 것이든 노력하고 정성들인 생산물엔 애정이 있다. 정 때문에 못난 건 내 차지니 신발장사가 짝짝이 신 신는 것과 무엇이 다르랴.

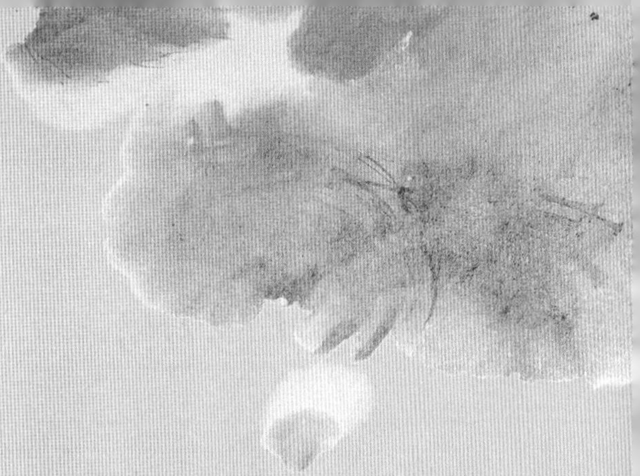

5부

한줄기 빛처럼

2011년 신묘년은 토끼띠 제 회갑이었습니다.

100세 시대가 도래한 이즈음 상대적으로 인생 육십을 우스갯소리로 '애'라고 표현합니다. 인생은 육십부터라고 하는 말에 고개가 끄덕여지기도 합니다.

지난여름이군요. 결코 짧은 세월이 아닌 저의 육십 년을 정리하는 의미에서 처녀수필집 ≪꽃으로 말한다≫를 상재하여 세상에 내보내었습니다. 회갑기념이라는 타이틀이 전혀 배제된 건 아니지만 결실의 보따리 하나를 싸놓은 격이니 마음 뿌듯하기도 하고 홀가분하기도 했었습니다.

내가 아는 최초의 토끼이야기는 토끼와 거북의 경주입니다. 날쌘 토끼는 어느새 결승점이 눈앞에 보입니다. 뒤를 돌아보니 거북이 보이지 않자 교만한 생각으로 낮잠을 자게 되지요. 느리지만 꾸준히 땀 흘리며 결승점에 도달하여 거북이 승리하는 이야기는 '꾸준함을 이기는 그 무엇은 없다.'의 대표적인 사례이지요. 농부가 밭을 갈다가 나무뿌리 밑에서 토끼가 뛰쳐나와 달아나자 어리석은 농부는 나무 밑에 앉아서 토끼가 튀어나오길 기다렸다는 이야기(樹柱待兎)는 배를 타고 강을 건너다 칼을 빠뜨리고는 뱃전에다가 칼 빠뜨린 자리라고 표시해 놓은(刻舟求劍) 사람과 다를 바 없겠지요.

지난여름 어느 기관 회의실에서 문학세미나가 있었습니다. 기관장실로 안내되었는데 커다란 붓글씨 편액이 눈을 사로잡았습니다. '교토삼굴狡兎三窟'이었습니다. 제나라 맹상군의 식객 풍훤의 멘토에 나온 말이지요. 유약한 토끼는 맹수들로부터 위기를 모면하려고 세 개의 굴을 판다는 뜻이랍니다. 첫 번째 굴이 생활을 위한 주거용이라면 두 번째 굴은 위기에 처했을 때 적으로부터 피신할 수 있는 굴이겠고 생존을 위해 양식을 쌓아 놓을 창고용으로 세 번째 굴을 파는 지혜! 토끼의 유비무환의 생존 법칙에 무릎을 치게 됩니다. 강한 뿔도 없고 사나운 이빨도 없어 약하기 때문에 겁이 많은 토끼에게 살아가는 임기응변의 꾀가 있었던 걸 기억합니다. 용궁까지 따라가서 죽을 위기에서도 당황하지 않고 바위에 씻어놓은 간을 가져오겠다며 거북이 등을 타고 도망쳐오는 반전에 박수를 보내지 않았던가요. 하나님이 만물을 창조할 때 식물이든 동물이든 번식하고 살아가도록 한 가지 강점은 다 주셨기에 세상은 공평하다고 한 것 같습니다. 돈도 없고 권세도 없고 내세울 게 없는 삶이 때로는 지리멸렬해서 힘들어질 때 각자무치角者無齒라는 말을 생각하면 조금은 위로가 됩니다. 어떤 사람은 모든 것을 다 가진 것 같아도 결정적인 한 가지가 부족한 것이 있고 아무것도 가진 것이 없는 것 같아도 행복의 조건 한 가지는 있다고 하지요. 나에게 없는 것으로 탄식하지 말고 내게 있는 것으로 만족하자면 너무 식상한 말인가요. 토끼해엔 특히 취업난에 고뇌하는 청년들도 안타깝고 죽음으로 몰고 갈 만큼 심각한 학교폭력도 마음을 어둡게 합니다. 그럼에도 우리들에겐 '얼굴 없는 천사'들이 나타나서 한 줄기 빛처럼 세상을 밝혀주었습니다. 무기가 없는 대신 세 개의 굴을 파서 위기를 대비하는 슬기를 가르쳐 준 토끼해가 가고 이제 임진년 새해가 밝아옵니다. 일자리도 많이 생기고 모두가 웃는 행복한 한 해, 흑룡의 역동적인 용틀임으로 꿈의 날개를 펼치는 한 해가 되기를 소망합니다.

마지노선을 생각한다

일에는 시작과 끝이 있다. 그리고 과정과 기간이 있다. 때가 있다는 말이다. 첫 단추를 잘 꿰어야 마무리도 깔끔한 건 상식이다. 농사에도 때가 있고 공부도 때가 있다. 공모전이나 문예지의 원고도 마감기일이 있다. 신문기자들도 데드라인을 넘기지 않으려고 피가 마른다면 지나친 표현일까. 버스 지나간 뒤에 손들고 뒷북치는 것도 시기를 놓친 허무한 제스처가 아니고 무엇이랴. 시기를 놓친다는 것도 여러 가지다. 차 시간이나 비행기를 놓치는 건 단 1분도 안 된 짧은 시간일 수 있겠고 공부하는 시기를 비유한다면 인생의 어느 한 기간의 긴 세월을 놓칠 수도 있는 것이다. 찰나의 시간이 운명으로 이어진 경우도 얼마든지 있다.

공자 삼계도에 '일생의 계획은 어릴 때에 있고, 일 년의 계획은 봄부터 있고, 하루의 계획은 인시寅時 즉 새벽에 있다.'는 구절이 있다. 무왕이 태공에게 집이 가난하게 된 이유를 물었다. 태공이 말하기를 가난한 집에 열 가지 도둑이 있는데 그중에 익을 때에 거두지 않는 것(時熟不收), 수확한 것을 잘 쌓아 마무리하지 않는 것(收積不了), 게을러서 경작하지 않는 것이(慵懶不耕) 도둑이라고 말한다. 이는 모두 때를 놓치면 천하에 귀한 어떤 것도 무용지물이 되고 만다는 말이다.

아무리 훌륭한 명의를 만나도 치료시기를 놓치면 고생만 죽도록 한다. 화급을 다투는 수술도 시기를 놓쳐서 생명이 위태롭거나 사망하게 되는 최악의 절망과도 맞닥뜨리는 경우를 종종 본다. 돈 잃고 사람 잃고 돌이킬 수 없는 회한만 남는다.

성공이라는 것도 때를 놓치지 않았음을 전제로 이루어진 결과물이다.

그러나 성공이 어찌 말처럼 그리 쉽던가. 인간에게 게으름의 속성이 있어서 목표를 정하고도 차일피일 미루게 된다. 문학 활동을 하자니 원고를 제출해야 할 일이 많다. 부지런하면 미리 글을 써두었다 기일 안에 제출하면 마음 졸일 일이 없겠지만 아직도 얼마의 기간이 남았으니까 하고 미루다가 마감 날이 코앞에 닥쳐서야 컴퓨터 앞에 앉게 된다. 나날이 빠듯한 일정이었다고 핑계 대며 스스로를 감싸려 들지만 생각해보면 그건 변명일 뿐이다. 게으름이 어디 원고제출뿐이랴.

간장을 담글 때도 그렇다. 정월 첫째 말날 간장을 담가버리면 아주 잊어도 되련만 둘째 말날도 지나고 셋째 말날이 되면 이제 더 이상 미룰 수 없다며 그때서야 소금 풀고 메주 씻고 수선을 피우는 이 게으름 병을 어떻게 고쳐야 할지. 다른 살림살이에도 이와 비슷한 경우가 허다하니 어찌 살림살이를 논할 수 있겠는가. 마지노선을 적용시키자면 얼마든지 있다. 나에게 약속시간이나 예배시간 강의시간 등의 마지노선을 앞당겨 준비하는 것이 급선무다. 내 딴엔 부지런하게 나댄 편인데도 이렇다. 매도 일찍 맞아야 속편하다는 경험칙을 너무나 잘 알면서도 바쁘다 보면 어느새 날짜가 임박해온다. 살다보면 하루하루가 시위를 떠난 화살과 같아서 정해진 날짜는 문득 앞을 가로막는다. 때를 놓치지 않으려면 날마다 나를 점검하고 긴장해야 하는데 나이가 들어가니 나를 닦달하기가 힘겹다. 아무래도 욕심을 버리고 하나씩 내려놓고 여유를 갖는 수밖에 도리가 없을 듯하다. 미련은 빠르고 지혜는 더디다더니 오늘에야 무릎을 탁 칠 일이 생각났다.

마지노선을 앞당기는 습관을 들여야겠다고. 오늘 당장 실천하리라. 며칠 남은 데드라인을 앞당겨 원고를 보내야겠다.

* 마지노선: 최후의 방어선, 넘어서는 안 될 선으로 쓰임,
* 데드라인: 사선 최종의 한계선, 원고마감일.

자판기 이야기

자동판매기는 무인판매기를 말한다. '자동판매기'의 준말인 자판기는 현대판 도깨비 방망이와 같다. '금 나와라. 뚝딱!'은 나와라 뚝딱! 말만 하면 나온다는 도깨비 방망이와 다른 점이 있다면 돈을 넣고 버튼을 눌러야 나오는 게 다를 뿐이다. 일회용이라는 단어와 맞닿아 있는 자판기의 모든 물건이 일회용은 아니지만 취급품목의 대부분이 일회용이기 때문에 일회용 이미지로 굳어진 것 같다. 자판기는 생각보다 훨씬 역사가 깊다. 기원전 215년 헤론이 발명한 고대 이집트 알렉산드리아 사원에 설치된 성수聖水 자동판매기가 효시라고 한다. 이 기계는 드라크마 경화硬貨를 올려놓으면 그 무게로 성수가 흘러나오도록 설계되었다고 한다. 산업화 이후 근대유통의 총아로 부상되기 시작한 자판기는 비싼 인건비에서 비롯되었다고 볼 수 있다. 서양에서는 우표를 자동 판매하면서 시작되었다. 우리나라에서 자판기 설치를 시작한 것은 1961년 코카콜라 병 음료였는데 88올림픽 이후 급속도로 확대되어서 자판기에서 팔고 있는 품목을 일일이 열거할 수 없을 정도로 다양해졌다. 자판기 하면 커피를 떠올릴 정도로 오랫동안 인스턴트커피 자판기의 출현은 수많은 다방들이 생존의 위협을 받게 했다. 프림과 카페인이 건강을 해친다고 매스컴이 휘젓기 전까지 자판기의 '양촌리 커피' 맛은 온 국민의 기호품으로 입맛을 사로잡았다. 자판기의 위생 상태로 철퇴를 맞은 후 많은 사람들이 등을 돌리지만 그래도 서민들에겐 여전히 인기다. 세계적인 추세인지 수도권에서 원두커피의 바람이 불기 시작하더니 지방에까지 커피전문점이 성업 중이다. 서울 명문대학가名門大學街에 몇 층짜리 건물전체가 커피전문점으로 사람들이 넘쳐나고 성시를 이루고 있다고 한다.

자판기로 팔고 있는 물건도 셀 수 없이 다양하다. 각종 캔 음료, 인스턴트차, 라면, 쌀, 담배, 책, 생리대, 콘돔 등인데 최근 도쿄에서는 깎은 사과도 포장해서 팔고 삶은 계란도 판다고 한다.

가정상비약을 편의점에서 취급하더니 요즘엔 처방전 없이도 조제가능한 일반의약품을 자판기에서 판매를 시행하려고 논의 중이다. 상비약 편의점 판매가 논의되었을 때 의약품 오남용과 약국 매출의 영향을 우려해 약사협회에서 반대가 심하더니 막상 매출에 크게 영향이 없다고 한다. 약국이 문 닫은 시간 이후 원격화상으로 처방을 받아 자판기에서 구입할 수 있도록 할 방침이란다. 갈수록 자판기 취급 품목이 주식, 부식, 간식 일용품을 망라하고 있는 셈이다. 자판기가 성업할 수밖에 없는 이유를 들자면 다섯 손가락이 모자란다. 무엇보다 이기적이고 약삭빠른 현대인에게서 야기되는 여러 가지 문제를 한꺼번에 해결해주기 때문이다. 자판기의 강점은 뭐니뭐니해도 비싼 인건비와 인력관리 문제를 해결해준다. 무임금으로 24시간 연중무휴로 노동을 해도 노동조합 결성을 하거나 노사갈등을 야기하지 않을 뿐 아니라 고장만 아니라면 동전 한 푼 삥땅치지 않는 충직한 일꾼이다. 특히 겉치레를 중시하는 우리나라에선 과대포장 문제를 해결해 주는 것도 자판기만의 특성이다. 지하철 승차권도 자판기가 발매했다. 처음 지하철 자동발매 승차권이 나왔을 때 가끔 서울에 가면 승차권 발권이 익숙하지 않아서 한참을 헤매곤 했다. 이젠 마그네틱 종이 승차권도 역사 속으로 사라지고 교통카드로 승차권 결제를 하는 시대에 살고 있다.

그러고 보니 시골 버스 터미널에서 있었던 어떤 할머니 이야기가 생각난다. 사람들이 승차권 자판기에서 승차권을 뽑아가는 것을 본 할머니가 자판기 앞으로 갔다. 자판기를 두드리며

"나도 차표 한 장 주시오. 예?"

자판기 구멍을 들여다보며

"아이, 거 아무도 없소? 차표 한 장 줏시오. 예?"

"그새 어디 갔능가~아 차표 팔다 금방 어디로 갔는고오~."

하며 차표를 못 사고 가더라는 이야기에 배가 아프게 웃었다.

웃을 일이 아니다. 제 아무리 온갖 기능 다 갖춰서 나온 편리한 스마트폰 사용법도 배우지 않으면 무용지물이다. 세상문명이 급변하니 그 사용법을 배우지 않으면 시골할머니 짝 나지 않으란 법이 없다. 만약에 백 년 전 할아버지가 살아 돌아온다면 자판기에서 물건이 톡톡 튀어나오는 것을 보고 웬 도깨비장난인가 하고 혼비백산할지 모르겠다.

자판기 기능의 진화를 생각하며 가시적인 물건만 발매하는 시대를 자판기 1세대로 규정해본다. 차세대 자판기는 이미 인공지능이 발달한 단계에서 가전제품이나 로봇이 발명되어 있으니 인간의 감성도 자판기에서 발매하는 시대가 도래하지 않을까 공상

해 본다. 배우자를 못 만난 노처녀 노총각들이 영원토록 변함없는 친구나 애인도 자판기로 뽑아내어 인간보다 더 인간적인 교제를 하게 되는 엉뚱한 생각을 해본다.

밥을 먹다가

나는 젓가락질을 잘 못한다. 친구가 지적해주기 전까지 내 젓가락질이 잘못되었다는 것을 알지 못했다. 그러고 보니 반찬 집는 것이 서툰 것이 눈에 보였다. 장유유서를 중시하는 우리나라에는 밥상머리 예절이 있다. 감사하는 마음으로 음식을 먹어라. 어른보다 먼저 수저를 들지 말고 먹고 난 뒤에는 어른이 수저를 놓고 난 뒤에 수저를 놓아라. 소리 내서 먹지 마라. 음식을 집었다 놨다 하지 마라. 맛있는 것만 혼자서 먹지 말고 골고루 먹어라. 함께 먹는 사람들과 음식 먹는 속도를 맞추어서 먹어라. 음식을 먹을 때 농부의 수고를 생각하고 음식을 함부로 하지 말라는 등 여러 가지가 있지만 대체로 이 정도만 지켜도 먹는 예절에서 크게 벗어나지는 않을 것 같다. 밥상머리 예절을 강조하는 것은 식당에서 천방지축인 아이들을 단속하지 않는 젊은 엄마들이 많기 때문이다. 아이가 귀하다 보니 아이 뜻만 맞추다가 밥상머리 예절 같은 것은 있는 줄도 모른 것 같다.

방송을 통해서 사찰에서 스님들의 음식 공양하는 과정을 본 적이 있다. 음식 먹는 소리나 숟가락 소리도 안 나게 그저 조용히 먹고는 먹을 물로 바루를 헹구어서 그 물을 소리없이 마시는 것으로 식사 공양이 끝난다. 그 과정이 너무나 진중하고 정숙해서 종교 의식을 수행하는 것 같았다.

어릴 땐 작은 밥상을 몇 개나 차렸다. 어느 핸가 할아버지 지휘 아래 오동나무로 판자를 켜다가 며칠 동안 상을 만들었다. 목수를 사랑채에 상주시켜 놓고 나무못을 사용하고 홈에 끼워 맞추고 속새질하고 아교풀을 끓여 붙이고 옻칠을 하여 훌륭한 상을 만들었다. 육인상, 팔인상 교자상까지 몇 벌을 짰다. 그때는 그런 것들이 희소가치가 있는 세간이었기 때문에 동네사람들이 부러워하던 기억이 새롭다. 대문간 채에 이층으로 광을 들이고 새집을 짓고 난 뒤였으니까 우리 집 살림이 한참 불어나던 즈음이었지 싶다. 할아버지께서는 번들거리는 큰 상을 몇 개나 만들어서 아래 위채 시렁에 얹어놓고 "앞으로는 큰 상 두 개만 놓아라."고 하셨다. 그 시절 온 식구가 한상에서 함께 식사를 한다는 것은 혁명만큼이나 대단한 개혁이었다. 어른들과 함께 식사를 하게 되면 밥상머리 예절은 저절로 배우게 되었을 것이다.

젓가락질은 밥상머리 예절 중에 중요한 부분이다. 최근에 또 다른 친구가 내 젓가락질에 대해서 지적을 하기에 그렇잖아도 젓가락질 못 한다고 흉잡혔는데 잘 안 된다고 시인하였다. 식당 봉사 하면서 밥 먹다가 생긴 일이라 이내 화두가 되었고 젓가락질 시범이 시작되었다. 여러 사람들 앞에서 시범을 보인 친구도 잘못된 방법이라고 '바담풍' 선생 같다고 한바탕 웃었다. 어떤 방법이 원칙인지 모르지만 젓가락 두 개 사이에 가운데 손가락을 넣고 집는 방법이 가장 바른 방법이라고 판명나기까지 사공이 여러 명이었다.

그 무렵 목사님 설교 중에 동료 목사님이 젓가락질을 잘못하기에 한나절 콩 집는 연습을 하면 교정이 된다고 하셨다. 그 말씀을 인용하며 난 콩을 잘 집지 못해서 콩장은 숟가락으로 떠먹는다고 했더니 모두 박장대소를 하였다.

나의 젓가락질이 잘못된 방법인 줄 모르고 몇 십 년을 먹고 살았으니 교정하기 쉽겠는가. 상견례를 두 번이나 했어도 모르고 지나갔지만 앞으로 상견례 할 일이 한 번 더 남았는데 지금이라도 콩 집는 연습을 해봐야 할지 모르겠다

자랄 때 젓가락질 못한다고 야단맞아 본 기억은 없다. 아주 어릴 때는 숟가락으로만 먹었던 기억이 난다. ≪걸리버 여행기≫에 나오는 소인국의 모든 것이 작고 그에 맞는 질서가 법이 되듯이 어쩌면 친정 가족 모두가 젓가락질을 잘 못하는지도 모른다. 단추 구멍을 빨리 못 꿰고 매듭을 푼다든가 나사 맞추기도 잘 못한다. 민첩하게 해야 하는 기술이나 기능을 발휘해야 할 때 평균보다 뒤떨어진 것도 젓가락질 잘 못하는 것하고 무관하지 않다고 생각된다. 젓가락문화는 동남아시아 지역에서 찾아볼 수 있는데 대체로 동북 아시아인들이 손재주가 좋다고 한다. 세계 기능 올림픽에 우리나라가 참가한 이래 각 분야에서 금메달을 석권하는 이유도 우리나라의 젓가락 문화에서 근거한다고 했다. 기능인 우대를 소홀이 하는 국가 시책 때문에 지금은 출전하지도 않는단다. 특출한 기술이 세계적인데 수출로 먹고 사는 나라의 장래가 걱정된다. 젓가락질, 참 중요한 밥상머리 예절이다. 나이가 들어 고착된 습관이라서 젓가락질 수정하기가 쉽지 않겠지만 100세 시대엔 젓가락질뿐만 아니라 어떤 분야든 지금부터라도

노력하면 몇 십 년은 옳은 방법으로 써먹겠다 싶어 당장 젓가락으로 콩 집기 연습에 들어가야겠다.

지각의 변辯

어떤 사람은 지각하려면 결석하는 게 낫다고 말한다.

시간을 지키는 게 그만큼 중요함을 강조하는 말이다. 나는 지각을 하더라도 참석하는 걸 중요하게 생각한다. 지각하려면 안 오는 게 낫다는 말에 전적으로 반기를 든다. 지각할 바엔 아예 참석하지 않는다면 모임에 대한 관심은 끊어지게 마련이다. 그리고 한번 결석하면 두 번 세 번 결석할 일이 생기게 되고 그러다보면 그 일에서 저절로 멀어진다. 지각을 하더라도 기어이 참석하는 정신과 성의가 필요한 이유다. 그리고 대부분 지각하여 참석하더라도 그 모임에서 하려는 본격적인 일이 시작될 무렵이므로 알짜배기는 그때부터이기 때문이다.

내 유년의 뜰엔 인상적인 지각의 한 장면이 각인되어 있다. 1, 2학년 때의 사회 교과서였던 것 같다. 한 아이가 학교로 가는 길에 이 가게 저 가게를 기웃거리느라 시작시간이 늦어진 사실을 까맣게 잊고 있다. 시계점의 괘종시계가 아홉 시를 치는 소리를 듣고 놀라며 학교로 바쁘게 가는 그림이다. 목적을 잃어버릴 만큼 호기심 많은 시절이었다. 지각에 대한 강박관념 때문에 잠을 설치다가 오히려 늦잠이 들어 지각했던 기억, 특히 소풍 전날엔 설렘으로 잠을 설치고 지각했던 경험은 낭만적인 추억이다. 꿈을 꾸다가, 또는 궁금한 것이 많아서 알아보다가 지각하게 된다. 그러고 보면 어릴 때의 지각은 꿈이나 지적호기심과 관련되어 있다.

어른이 되어서도 늦바람난 사람처럼 여기저기 참여하고 배우고 싶은 것이 많다. 맡은 일에 대해 성실히 하고자 하는 마음과 일인다역의 주부로서 임무를 소홀히 할 수 없기 때문에 시간이 맞물려 지각이 불가피할 때가 많다. 어느 것 하나를 포기하지 못하는 욕심과도 관련되어 있다.

결코 바람직한 일은 아니나 늦게 참석해도 정보를 얻을 수 있고 교제할 수 있고 공부할 수 있으니 결석한 것과는 결과가 완전히 다르다. 이쯤 되면 얘기가 '지각의 변'이 아니라 '지각 예찬' 같지만 지각을 즐기자는 말은 결코 아니다. 지각하지 않는 것이 최선이나 결석하기보다 지각이 차선은 된다는 뜻이다. 지각을 하더라도 참석하면 나머지 강의나 설교에서도 살이 되고 피가 되는 지적 양식을 얻을 수 있기 때문이다.

어딜 가든지 지각생은 있다. 사람들은 단골지각생에게 지각은 습관이라고 가차 없이 질타한다. 틀린 말이 아니다. 그러나 지각생으로 규정하는 것도 상대적일 수 있다. 약속시간 정시에 도착했는데도 대부분의 회중이 먼저 와서 기다린다면 그들 입장에서는 정시에 온 마지막 사람을 지각생으로 인식하는 경우가 많다. 마지막 오는 사람은 시간을 맞춰왔는데도 지각의 오명을 쓰게 된다.

우리나라 사람들의 오래된 관행 중의 하나가 주인공일수록, 지위가 높은 사람일수록 약속시간보다 늦게 나타나는 경향이 많았다. 그것이 지각에 관대하게 된 배경이 되었는지도 모른다. 아날로그 시대엔 '코리안 타임'이 통용되었으나 이젠 시대가 바뀌어 인식도 변했다. 디지털시대가 정착된 요즘엔 코리안 타임이 소리 없이 사라져 버린 것은 다행한 현상이다. 최근엔 중국에서조차 만만디가 콰이콰이(빨리빨리)로 바뀌고 있다고 한다. 이제 얼마나 시간을 잘 지키고 약속을 잘 지키느냐가 선진국민이냐 아니냐를 재는 척도가 되었다.

문화인이 되려면 지각하지 않은 것이 최선이다. 그러나 결석이 불가피할 경우에는 결석하는 것보다 조금 늦더라도 참석하는 것이 관심이 지속될 뿐 아니라 유익하다는 생각에는 변함이 없다.

펜팔 시대처럼

처녀수필집 ≪꽃으로 말한다≫를 발간하고 보니 후속조치 할 일도 상당히 신경이 쓰였다. 꼭 보내야 할 곳도 선정해야 하고 배부하는 데도 적잖이 고심되었다. 틈틈이 하다 보니 며칠에 걸쳐 준비 작업을 하게 되었고 필요 이상으로 너무 꼼꼼하다고 퇴박했던 남편의 진가가 유감없이 발휘되었기에 순조롭고 차질 없이 진행이 되었다

우선 꼭 보내야 할 기관들이나 존경하는 선생님들께 발송 작업을 끝내고 나니 각처에서 축하와 격려의 전화나 메시지에 출판의 보람으로 행복한 요즘이다. 그중에 내가 글쓰기 시작했을

때 내 글에 대한 촌평을 해주셨던 선생님으로부터 격려의 메시지가 왔다. 마음속으로 존경하던 선생님이기에 바로 전화를 드렸더니 가까운 복지관을 이용한다고 하셨다. 마침 강의 듣는 프로그램이 있어 복지관 카페에서 만나기로 약속을 하게 되었다.

만나면 느낌으로라도 알게 되겠지만 일단 얼굴을 알지 못한다는 생각을 하니 옛날 생각이 난다.

펜팔이라는 통로를 통해 사람을 사귀던 시대를 거쳐 온 기억이 어제 일같이 선하다. 보통 ≪새 농민≫을 비롯한 월간잡지 뒷부분에 부록으로 '펜팔난'이 있어서 대부분 그런 경로로 펜팔하게 되었다. 사진을 주고받고 처음으로 데이트를 할 때 어느 약속장소에 어떤 색 브라우스를 입었다거나 무슨 모자를 썼다거나 해서 만나게 되었다는 이야기는 휴대폰과 인터넷시대의 아이들은 '전설의 고향' 같은 이야기로 들리겠다. 펜팔을 하려고 시도한 적은 없었지만 그 무렵 파월장병에게 위문편지를 대필해 주거나 연애편지 대필 해준 기억은 많았다. 학교 때 위문편지 쓴 것이 답장이 오면서 편지가 오간 사람이 있었다. '파월장병 아저씨께'로 시작하는 대구에 사는 맹호부대 아저씨와는 상당기간 편지가 오갔다. 귀국한다더니 한동안 연락이 끊겼다가 백마부대로 다시 갔다고 편지가 왔다. 귀국해서 재파병되어 연락할 새가 없었다며 전처럼 편지해 달라는 부탁이었다. 글씨가 예술이었고 내용도 문장력이 좋은 아저씨여서 계속 편지를 주고받았다. 학생 때였기 때문에 국내의 소식, 문학이야기 소녀의 꿈을 이야기했던 것 같다. 월남풍경 사진과 누가 당사자인지도 모르게 몇몇 장병들이 같이 찍은 사진을 보내왔다. 귀국을 한 후 대구 주소로 편지를 했으나 연락두절이 되어 배신감을 느꼈으나 아름다운 편지를 주고받았기에 아쉬움이 컸었다. 그 시절엔 펜팔로 결혼까지 한 경우도 많았지만 우린 만나보지도 못하고 끝났다.

누군가를 처음 만날 때는 설렘도 함께 온다.

만나기로 한 선생님과 무슨 옷을 입겠다거나 말을 맞추지 않았지만 한산한 카페에 들어서자 익숙한 사람처럼 바로 알아보게 되었다. 처음 만난 선생님이라 단둘이 만났기에 조금은 어색했지만 글을 통하여 존경하는 마음이 있었고 문학이라는 공동의제가 있어 자연스런 대화가 오갔다. 무엇보다 별로 지인이 없었던 나로선 앞으로 문협 모임에서 만나면 반가울 든든한 원군이 되리라는 믿음으로 흐뭇했다. 메일을 통하여 소식도 전하고 가끔 차도 마시고 사교적이지 못한 내 성격이 갑자기 친해지지는 않겠지만 존경하는 선배어른으로 다정하게 모실 수 있어 든든했다.

취향이 같은 사람끼리는 친해지기가 쉽다. 공유할 소재가 있으니 자연 화제도 풍부해서 분위기에 활기가 있게 마련이다. 글을 통하여 공감대가 형성되고 글의 감명으로 생기는 존경심이나 친밀감은 시공을 초월한다. 글 쓰는 보람과 즐거움이 여기 있고 글을 통한 관계형성이 참으로 행복을 느끼게 할 때가 많다. 펜팔 시대를 생각해 보게 하는 선생님과의 처음 만남도 문학이 주는 기쁨이요 행복이다. 오랜 기간 편지를 주고받던 펜팔 대상처럼 문학세계에서 좋은 인연이 될 것이기에 설레는 마음으로 기대해 본다.

벌 쏘인 여자

을미년 새해가 엊그제인데 벌써 절반이 가고 있다.

광복 70년이라고 특별한 의미를 부여하던 "새해에는……." 하고 결심한 것도 많다. 흡연자들은 담뱃값도 오른다니 금연을 하겠다, 금주하겠다며 마음을 새롭게 다잡았으리라. 아마도 지금쯤 절반은 흐지부지한 결심들이 많을 때다. 그러나 큰 욕심 없는 내 인생에 하루하루 계획했던 것들이 차질 없이 돌아가는 것이 그저 감사할 뿐이다. 계획에 차질이 없다는 건 별탈없이 바쁘게 산 결과이리라.

이 시대엔 한가한 사람이 없다. 그래서 '백수가 과로사 한다.'

말을 밥 먹고 차 마시는 일쯤으로 쓰고 산다.

건강한 사람이라면 칠팔십 대 노인에서부터 유치원생에 이르기까지 하루 일과가 시간대 별로 짜여 있어 기계처럼 돌아간다. 물질문명이 발달해서 인간생활 중 많은 부분을 기계가 대신해 주는데도 사람들은 왜 점점 더 바빠지는지. 늙으나 젊으나 손전화 생기고 난 뒤부터는 사람을 가만히 놔두지 않는다. 손안의 N 박사님이 온갖 정보를 제공해주어서 편리해졌고 정보가 빠른 만큼 움직여야 한다. 세분화된 직업군에 종사할 일이 많아지고 쫓아다녀야 할 곳이 많다 보니 너도나도 바쁜 세상이다. 세월은 어찌 그리 잘도 가는지 새 달력을 펼쳤다 하면 한 달이 신문사 윤전기 돌아가듯 한다.

나 역시 예외는 아니어서 매일 할 일을 못다 하고 뛰어다녀야 한다. 동분서주하다 보니 신기료장수 신세를 지곤 한다. 신발을 보면 그 사람의 걸음이 보이고 성격이 보이고 생활이 보인다는 말을 듣고 보니 살짝 미안해진다. 건망증이 심해진 이즈음 지갑 핸드폰, 열쇠, 양산 등 챙길 것이 많고 나갈 때마다 용도가 다른 가방을 들어야 하기 때문에 한 가지씩 빠뜨려서 두어 번씩 집을 들락거리며 동당거린다.

딸한테서 전화가 왔다. 아빠와 통화를 했다는데 엄마 안부 묻는 대답에 '너의 엄마는 벌 쏘인 여자처럼 허둥대고 나갔다.'고 아빠의 특유한 어투로 흉내를 내서 크게 웃었지만 혼자 있을 때 생각해 보니 쓴웃음이 저절로 나왔다. 기분이 씁쓸하고 입에서 쓴 냄새가 난다. 정곡을 찌르는 말에 가책을 느끼며 자신을 돌아보게 되었다. 내가 왜 이렇게 덤벙대며 살아야 할까. 가장 가까이서 나를 보는 시각이 가장 정확할 터이다. 그렇게 사는 것이 과연 바람직한 삶일까. 자업자득으로 지금 내가 선택한 현실에 충실해야 하고 약속을 지키기 위해서 부지런히 나대다가 '벌 쏘인 여자'가 되고 말았다.

우리 사회가 언제부터인지 모르게 바쁘게 산다는 것을 미덕으로까지 생각할 만큼 긍정적으로 평가했다. 계획적이고 부지런하고 활동적이고 생산적이거나 도전적이어야만 가능하기 때문이다. 바쁘게 사는 것의 긍정적 평가의 근저에는 우리나라가 가장 빠른 속도로 경제성장을 이루어낸 세계적인 롤 모델이 된 덕분일 터이다. 반면에 총체적 부실이 사회 각 분야에서 나타나고 있다. 부정부패에 정경유착의 고리는 안전 불감증에 부실공사로 이어졌고 '사고 공화국'이라는 오명에 조롱거리가 되고 있다. 과연 빠른 성장이 좋은 것인지 모르겠다.

그래서인지 '빨리빨리'보다 '슬로우'로 자연으로 돌아가자는 새로운 외침이 대세를 몰고 왔다. 1999년 이탈리아 그레베 인 끼안티에서 최초로 시작된 슬로시티 운동이 세계적인 바람을 일으켜 산업화와 빨리빨리 문화의 폐해를 줄이고 슬로푸드와 친환경 운동의 바람이 일고 있다. 얼마 전에 읽은 〈오래된 미래〉는 인도 북부 티베트 고원 라다크 지방의 문명의 발전과 산업화 과정의 부작용에 상반된 자연주의적 삶의 지향을 그렸다. 그로 인해 환경파괴와 폐해를 인식한 라다크 사람들이 뒤늦게 깨달은 아날로그적 삶의 회귀를 열망하는 내용이다.

전주를 비롯한 여러 지역이 국제슬로시티로 지정 받게 된 것도 같은 맥락이다.

목표를 가지고 부지런히 활동하면 어떤 분야에서든 성과가 있다. 누구든 득이 있으면 실이 있고 빛이 있으면 그림자가 따르듯 공과功過는 있게 마련이다. 그렇다면 산다는 건 공과功過의 연속인 것인가.

국가적으로나 개인적으로나 정도正道를 지키며 나아간다면 얼마나 이상적일까만 사람의 일이라 물밀듯이 밀려오는 시대의 트렌드를 거스를 수는 없는 것인가.

자신은 노년이 아니라는 착각 속에 사는 사람이 많다고 한다. 나 역시 젊은이들의 대열에 끼어 정신없이 뛰다가 어쩔 수 없이

'벌 쏘인 여자'라는 말을 듣게 되었다. 그러나 메뚜기도 한 철이라고 했으니 이 흉허물을 벗을 때가 머지않을 것이다. 바쁘게 산다는 건 건강하다는 증거지만 건강이라는 것도 한시적이고 호언할 수 없는 것이니 당분간은 '벌 쏘인 여자'로 살게 될 것 같다. 그러나 종종 한 템포 늦추는 연습도 병행하며 호흡을 조절해야겠다.

군무를 위한 서곡

정기모임 후 네 명이서 번개팅으로 길을 나섰다. 가창오리 떼의 군무를 보러 가자는 말에 귀가 솔깃할 수밖에, 철새들의 군무는 저물녘에 시작된다고 한다. 때를 맞추어 가려면 한 두 시간은 어디서 보내야 했기에 박물관에서 차 한 대로 합류하기로 했다. 박물관 마당에는 보름을 앞두고 있어서 달집태우기를 위하여 대나무와 짚으로 달집을 만들어놨는데 마치 대형 트리를 설치해 놓은 것 같았다. 지난 설에도 민속놀이를 한 흔적이 보였다. 명절에는 박물관으로 갈 일이다. 역사박물관에는 올해가 경신년이므로 원숭이를 테마로 원숭이 이야기가 총망라되어 있었다. 우리가 잊고 있었던 원숭이가 주는 교훈을 새로이 일깨워 주었다. 손오공의 주인공 원숭이 이야기 원숭이에 대한 고사 '단장斷腸'에 대한 설명, 조삼모사朝三暮四 이야기, 원숭이도 나무에서 떨어진다고 하니 자신감 있는 특기가 있어도 조심하라는 교훈을 준다.

특히 국보원숭이 청자연적이며 호두만 한 크기에 200마리의 원숭이조각 기증품 앞에서 오래 머물며 그 섬세함에 매료되었다.

겨울풍경은 삭막하다. 겨울 들판엔 휑한 바람에 으스러진 억새들만 흔들어 댈 뿐 무채색의 그림들이 무심하게 스쳐간다. 적막과 침묵으로 잔설이 쌓여 있는 야산의 겨울풍경 위로 삭풍은 질풍이 되어 을씨년스러움을 더한다. 우리를 태운 승용차도 질풍처럼 질주를 한다. 하늘은 흐릿하지만 우린 가창오리 떼의 군무를 꿈꾸며 설레는 마음을 차 안 가득 실었다. 의기투합의 열기로 차 안은 훈훈했고 차를 운전하는 친구가 과일까지 챙겨온 덕분에 입도 즐거웠다. 한 시간여를 달려서 4차선 국도를 벗어나고 농로길 같은 시골길로 들어서니 목적지가 멀지 않은 것 같았다. 가창오리가 세계적으로 겨울철을 나는 철새도래지는 우리나라가 유일하다. 우리나라에서도 금강과 전남 장성호 그리고 고창 동림지 세 군데밖에 없다고 하니 얼마나 귀한 손님인지 알만하다. 도착하고 보니 한 시간은 기다려야 해가 질 것 같았다. 잘하면 아름다운 낙조도 볼 수 있다고 기대했는데 날씨는 계속 우중충하다. 낙조까지 기대하는 건 괜한 욕심이 아닌가 싶다. 호수는 제 법 넓어서 저쪽 강안이 아스라하게 멀었다. 승용차 두어 대가 먼저 와서 삼각대 두 대에 사진기를 장착하고 대기 중이었다. 사진작가들이 멋진 일몰을 배경으로 군무를 연출하는 주인공들을 위해 만반의 준비를 하고 있었다. 저수지 언덕 위에 주차할 수 있게 자갈을 깔아놨는데 단단하지가 않아서 차바퀴가 헛바퀴를 돌고 바퀴가 빠질 지경이다. 조심스레 주차를 하고 호수를 살폈으나 아무것도 보이지 않는다. 승용차 한 대가 오더니 용인에서 왔다고 한다. 군산 쪽 금강을 거쳐 왔는데 못 만나고 여기까지 왔다면서 다시 금강으로 간다고 휑 떠나버렸다. 해 질 녘까지 금강에 도착해 기어이 보고 가겠다는 의지다. 지금쯤 새까맣게 보여야 하는데 보이기는커녕 새소리도 들리지 않아 호수에 스치는 바람을 따라 눈길로 더듬을 수밖에 없었다. 자세히 보니 저만치 수초 사이에 몇 십 마리가 떠 있는 게 보였다. 억새도 아니고 갈대도 아닌 달뿌리 군락이 헤싱헤싱해진 머리를 날리며 흔들리고 있다. 그나마 가창오리들의 은신처인 모양인데 기대한 만큼 많은 떼가 보이지 않는다. 바람은 씽씽 불어 낮은 파도를 일으키며 물결은 계속 우리 쪽으로 몰려오고 어둠도 스멀스멀 사위를 삼

켜온다. 가창오리들의 군무의 서곡을 위해 우리는 인내의 무대를 준비하고 있다. 꿈꾸었던 보름달빛을 배경으로의 한 컷은 단번에 거저 얻어지는 게 아니었다. 사진작가들이 그 한 컷의 작품을 위해 여러 날을 공들인다고 한다. 그런 줄도 모르고 단번에 진풍경을 욕심냈었나 보다. 군무의 서곡은 싸구려 공연이 아니다. 즉흥적이거나 번개팅으로 관람할 성질의 공연이 아닌가보다. 멋진 무대의 커튼을 젖히면 보름달이 동산에 솟아오르고 미풍이 살랑살랑 억새를 애무할 때 삼라만상이 기도하듯 고요한 시간에 액션 큐! 철새의 비상이 시작된다는 전설을 새겨둘 일이다. 아쉬움을 뒤로하고 다시 길일을 택해 목욕재계하며 가창오리 군무의 서곡을 준비하리라. 성공적 공연을 꿈꾸며 귀가하는 자동차의 헤드라이트 불빛이 유난히 밝았다.

6부

머나먼 섬 증도

오랜만에 관광버스에 올랐다. 교회에서 가는 테마기행을 해마다 몇 차례씩은 떠났을 터이지만 함께 합류하지 못한 지가 몇 년 된 것 같다. 테마기행에 물이 올라 언젠가 한 해는 계속 동행했던 기억이 새롭다. 한때 테마기행 단골 멤버가 되고 보니 다른 성도의 여행 기회를 뺏는 게 아닐까 하는 눈치도 보이고 양보를 생각하다가 마음이 식은 탓도 있었을 게다. 정작 꼭 가고 싶은 곳엔 또 타이밍을 맞출 수 없었던 이유도 한몫했다.

'청산도', '금오도', 어디 둘레길, 어디 해돋이 등등 아쉽게 놓쳐버린 테마 여행지들이 몇 군데나 되고 보니 이번엔 꼭 합류하리라 벼르던 참에 첫 번째로 신청을 했던 터였다.

여행의 조건엔 반드시 3박자의 행운이 따라야 가능하다는 걸 여행할 때마다 느낀다.

첫째는 건강이요, 둘째는 시간, 셋째는 경비.

그리고 보람 있는 여행은 누구와 함께하는가도 행복한 여행의 중요한 조건이라는 것을 절감하게 된다. 다른 단체에서 증도로 여행할 수 있는 기회가 두 번이나 있었지만 예의 여행의 조건에 한 가지가 부족하여 아쉬움이 컸던 터였다. 어쨌든 오랜만에 포착한 기회를 난 마음껏 즐기기로 했다.

"잔인한 달"이라고 일찌기 전매특허를 내놓은 시인 엘리어트의 말은 적중하여 4월이야말로 춘래불사춘春來不似春이라. 봄이 왔으나 봄 같지 않던 날씨가 계속되더니 오늘이야말로 길吉일.

연초록 온 누리에 훈풍을 타고 뒹구는 햇살이 따사롭다. 정다운 사람과 도란도란 여행하기가 얼마나 좋은 날인지. 그런데 신청자가 적어서 놀라웠다. 역시나 여행의 3요소의 영향으로 관광차 한 대 채우기가 쉽지 않다.

나풀거리는 가로수의 연초록 잎은 태양에 빛나고 저만치 산골짝엔 구름처럼 피어오르던 산벚꽃들이 연둣잎과 어우러져 수채화 파노라마를 연출한다. 창밖에 연출되고 있는 아름다운 봄의 향연은 연속상영의 명화처럼 시선을 뗄 수가 없었다. 화창한 봄날의 한가운데를 향하여 달리는 와중에 친교위원회에서 준비한 김밥도 나오고 Y 권사님이 제공한 바나나도 몇 개씩 나누어 주고 잔칫집 채울 밑이 부럽지 않은 인심이 오간다. 모름지기 여행이란 오순도순 정을 나누는 맛이 있어 즐거움이 배가되었다.

얼마를 달려서 함평 죽암리 고분 앞에 일행을 풀어놓아 우리들은 L 박사님의 고고학 강의를 들었다. 장고 모양의 특징을 갖는 마한의 토착세력이 5-6세기경에 축조한 것으로 본다는 설명이다 '고향의 푸른 잔디' 같은, 일본에서도 유행했다는 '전방후원분前方後圓墳'의 둘레를 한 바퀴 돌았다. 길이가 70미터이며 가장 큰 규모로 2기밖에 없다고 하니 그 시대의 피장자被葬者 신분의 위용을 짐작할 수 있는 고분이다. 전에 테마기행 때 설명 듣던 기억이 새롭다. L 박사님도 한동안 테마기행에 참여를 못하고 위원장을 맡으시면서 오랜만에 테마기행 해설을 하게 되었다고 한다. 우연한 일이지만 여행을 동행하게 된 것도 인연이 닿아야 되는 것이구나 싶다.

요즘은 섬이라 해도 웬만한 큰 섬은 연육교로 연결되어 있어서 섬 같은 느낌이 없다. 슬로시티로 지정된 증도에 도착해서 첫 번째로 신안보물선이 침몰했었던 바다를 조망할 수 있는 곳으로 느린 걸음으로 올라갔다. 서해 바닷물은 흙탕물이라서 바다를 바라봐도 시퍼런 물빛보다 두려움이 없고 평화로워 보였다. 7, 80년대 신문에 신안해저유물 발굴 뉴스가 대서특필 되었던 기억이 아련한 말로만 듣던 신안 앞바다. 이 섬에 오는 데 단 세 시간 남짓 걸리는 거리를 나는 30여 년이 걸려서 온 셈이다. 한반도의 작은 섬 증도는 나에게 인도양의 작은 섬 마다가스카르 여행을 꿈꾼 것만큼이나 머나먼 섬이었다. 이스라엘 민족이 시나이반도 사흘 길을 광야생활 40년 만에 가나안 땅에 들어간 것처럼.

천사의 섬을 싸목싸목
- 증도 2

썰물 때에 맞추어 먼저 예정시간을 바꾸어 '화도 노두'에 갔다. 증도 우전리 남동쪽에 있는 아름다운 섬으로 드라마 〈고맙습니다〉를 촬영했던 전형적인 갯마을이란다. 촬영지까지는 못 가고 물이 빠져 모세의 바닷길처럼 나있는 좁은 찻길을 버스로 갔다가 싸목싸목 1킬로미터 정도의 바닷길을 걸어 나왔다. 개펄에 기어 다니는 뻘게와 짱뚱어가 지극히 일부분이지만 생명의 바다 속살을 보여준다. 점점 물이 들어오고 있는 것을 본 것도 뭍에서 온 우리들에게는 새로운 체험이다. 신안군에는 1004개의 유무인도가 있다고 한다. 천사 같은 기독교인이 많아 '1004의 섬'이라는 표지석이 세워져 있었다.

원래는 시루처럼 되었다 해서 시루 증甑자 증도甑島였는데 전증도 후증도를 합한 후부터 증도曾島가 되었다

요즘엔 맛 자랑 방송에 출연 경력을 홍보하는 식당을 자주 본다. 방송출연 사진이 걸린 '고향식당'에서 신안 짱뚱어탕으로 맛있게 요기를 하고 나오니 샛노란 유채꽃이 질펀하다. 유채 밭으로 들어갔다. 마치 연기자들처럼 두 대의 카메라에 포즈를 취했다. 유채꽃이 모델인지 우리들이 모델인지 사진 값을 주어야 하는 건지 모델료를 받아야 하는 건지 아리송한 기분 좋은 고민을 잠깐 해본다. 랜드마크 짱뚱어 다리 위를 삼삼오오 건너는 것 또한 생경한 즐거움을 더해주었다. 데크로 된 입체다리 계단에 차곡차곡 앉아서 단체사진을 찍었다. 다리 건너 우전 해수욕장 쪽에 오래된 열대 야자나무 가로수들이 지난겨울 한파로 모두 죽어있어 싸아한 아픔이 밀려온다. 열대 식물의 동사! 저들 입장에서 보면 추운 지방으로 이민 와서 적응을 못하고 스러져간 것 아닌가. 시베리아의 고려인, 열대지방의 의지의 한국인들의 이민 성공기를 생각해 보게 된다. 열대야자수는 의지의 한국인을 닮을 수가 없었나 보다. 남국의 이국적인 풍광으로 인상적인 증도로 각인이 될 터인데 아깝고 아쉽다.

증도엔 1950년에 순교한 문준경 전도사 묘지가 있다. 6·25 때 이런 낙도에 이미 기독교가 전파되었고 순교자가 있었다니 경외스러운 마음으로 머리를 조아린다. 순교의 피가 헛되지 않아서 증도 인구의 90퍼센트가 기독교인이란다.

버스를 타고 가면서도 고사리가 있겠다 싶은 야산을 지나가면 고사리 꺾고 싶은 생각이 간절하다. 목적이 다른 여행이라 그럴 수는 없었지만, 증도가 한눈에 내려다뵈는 전망대가 있는 산길을 올라가면서 드디어 고사리와 조우할 수 있는 시간이 2, 30분 주어졌다. 때는 이때다 하고 고사리를 꺾었다. 고사리가 얼마나 값비싼 나물이어서가 아니라 내가 고사리 꺾기를 열광하는 이유는 따로 있다.

"올라갈 때 못 본 그 꽃 내려 갈 때 보았네." 아마도 고은 선생이 이 시를 지을 때 고사리를 염두에 두고 쓰지 않았을까. 우르르 한 떼가 몰려간 발뒤꿈치의 고사리가 더 옹골진 그 재미라니 칠랑팔랑 설레발 쳐도 임자가 따로 있더라는 진리를 발견한다.

증도의 또 하나의 명물인 태평염전을 구경하였다. 단일염전으로는 최대 규모라고 한다. 1953년 전쟁 피난민들을 정착시키기 위해 징검다리로 건너던 전증도와 후증도 사이를 둑을 쌓아 염전을 만들었다. 목조 석조 소금창고, 염부사, 목욕탕 등 건축물이 있고 자연생태 갯벌저수지와 함께 아름다운 경치가 압권이다. 2007년 석조 목조 소금창고와 함께 근대문화 유산으로 등록되어있다. 소금박물관 관람도 빼놓을 수 없는 관광코스다. 소금 만드는 과정을 변천과정에 따라 관람할 수 있었다.

소금의 섬을 갔는데 사고 보니까 소금을 산 사람은 나와 U 권사뿐이다. 증도소금의 무기질 함유량은 단연 최고다. 신안소금을 국내 제일로 치지만 중국산 소금에 포대를 바꿔 국산으로 둔갑한 뉴스를 본 탓에 증도소금을 사리라 했었다. 생명과도 같은 소금을 전리품처럼 뿌듯한 마음으로 관광차에 실었다. 산상수훈의 '너희는 소금이라'는 말씀을 기억하며 부패를 방지하고 맛을 내는 존재가 되어야 하리.

고인돌 휴게소에 당도하니 바람이 분다. 비를 몰고 오는 바람이다. 전주가 가까울수록 비가 내린다. 이미 전주엔 일찍부터 비가 내렸단다. 증도에서는 맑은 날씨였는데 대한민국이 좁은 땅이 아니라는 걸 말해준다. 마침 도착하니 비는 그쳤다. 오늘의 증도소금은 값진 전리품이다.

그리운 이름, 강릉

나는 강릉과 아무 연고가 없다. 그러나 첫사랑처럼 언제나 그리운 고장이다. 희미한 옛사랑의 그림자처럼 내 마음에 오래도록 연모하고 살았다고 해도 지나친 표현이 아니다. 꼭 한 번 가고 싶은 곳, 지덕知德을 겸비한 신사임당을 만나고 싶었기 때문이다. 강원도 관광으로 그곳을 몇 번 지나오긴 했으나 오죽헌과 경포대 그리고 전통양반가옥 선교장 등 강릉 시내 골목을 누빌 수 있는 기회가 좀처럼 오지 않았다.

강릉에서 개최하는 '제11회 수필의 날' 행사 덕에 강릉의 경승지를 돌아볼 기회를 얻었다. 먼저 행사를 시작하기 전에 사찰의 일주문을 연상시킨 신사임당과 율곡 이이의 생가 오죽헌으로 들어갔다. 오죽헌은 현모양처의 표상 신사임당과 율곡 이이 같은 위대한 학자를 배출한 '성지'라고 소개되었는데 '성지'라는 수식어에 전적으로 동의한다. 모자母子가 한 집에서 출생한 것도 특별한 경우이거니와 오만 원권과 오천 원권에 모자母子가 각각 인쇄되어 있으니 동서고금에 유례가 없는 일이다. 마땅히 가문의 영광이요 강릉의 보배려니 싶다. 율곡이 태어난 오죽헌 몽룡실 옆에 600여 년의 우로를 견딘 건강한 율곡매栗谷梅(천연기념물 484호)가 그 영화를 입증해 주는 듯했다.

행사 이튿날 아침 조선 중기 여류시인 허난설헌과 허균 기념관을 방문하였다. 최초의 한글소설 홍길동의 작가 허균과 천재적인 여류시인 난설헌 남매의 비운의 생애가 천재요절 가인박명의 인생무상을 느끼게 했다. 헛헛한 마음으로 시비詩碑가 있는 난설헌의 좌상을 쓰다듬어 보았다.

'사모정思母亭'이 있는 핸다리 문학공원에서 마주친 사친문학의 시비詩碑들도 잔잔한 감동을 주는 볼거리였다. 시비공원을 조성한 효사상이 예향 강릉의 랜드마크로 기억될 것이다.

양반가옥의 진수를 보여주는 선교장은 오래전부터 가 보고 싶은 곳이었다. 뒷동산엔 500년 늙은 소나무들이 병풍처럼 둘러 있어 멀찍이서 바라본 선교장의 규모가 대궐 같아 보였다. 드라마 촬영지로 적격이라 현재 방송되고 있는 사극들도 이곳에서 촬영하고 있다고 했다. 신선이 머무는 집이라는 편액이 걸려 있는 일자형의 행랑채 가운데 대문 앞에서 ‘ 이리 오너라.’ 하고 외치면 하인들이 주르르 뛰어 나올 것 같았다. 문화 해설사를 따라다니느라고 격조 있는 양반행세는 해볼 수 없었던 게 아쉬움이었지만 호기심과 설렘으로 여러 곳을 돌아보았다.

선교장에는 6 · 25 전까지도 손님 대접용 독상이 500여 세트가 보존되어 있었다고 하는데 행랑채의 규모나 동별당 서별당 등 여러 부속건물의 규모로 볼 때 과연 몇 백 명의 식객들이 유숙했던 사대부 가옥의 인심과 재력을 미루어 짐작할 수 있었다. 우리의 숙소도 이곳 선교장으로 정해졌다. 우리 일행들에게 잠 잘 곳으로 선교장이 배정되었다는 말을 들을 때부터 가슴이 설레기 시작했다. 그 유명한 조선시대 전통양반가옥에서 하룻밤을 잔다는 것은 상상도 못할 행운이었다.

수필의 날 행사는 강릉시청에서 있었다. 제11회 수필의 날 추진위원회가 다채로운 프로그램을 마련하고 푸짐한 뷔페로 저녁식사를 준비해 주어서 즐거웠다.

전주와 강릉은 닮은 점이 많다. ‘예향의 고장’이라는 이미지가 그렇고 전주의 풍남제와 쌍벽을 이루는 전통축제가 강릉 단오제다. 세시풍속의 문화유산으로 단오제 하면 강릉의 단오제를 으뜸으로 칠 만큼 강릉의 단오제는 전국적으로 유명하다. 남원춘향제에 모여들었던 전국의 상인들이 그 행사가 끝나면 바로 강릉 단오제를 찾아간다. 남원사람들이 춘향제 행사 때 벌어서 일년을 먹고 산다는 성시盛市가 강릉으로 이동한 것이니 강릉 단오제 때의 성황이 짐작되지 않은가. 전통 민속의 전승과 지역민의 화합의 장 그리고 강릉발전의 기틀을 다지는 축제가 바로 강릉 단오제다.

강릉을 대표하는 경승지는 뭐니뭐니해도 관동팔경의 하나인 경포대일 것이다. 대臺는 높고 평평하여 전망이 좋은 곳을 일컫는다. '강릉 경포대 달구경 가자'는 민요의 가사가 말하듯이 달밤의 경치가 압권이다. 경포대해수욕장 말고도 유명한 광광지가 많은데 가보지 못한 아쉬움은 나중에 또 찾아오도록 미련을 남기려는 뜻이리라. 저녁식사를 마치고 숙소로 가면서 경포호수에 뜬 달을 보게 하려고 관광버스는 경포호수 옆에 우리 일행을 풀어놓았다. 경포대에 앉아서 풍류를 즐겼던 선비들처럼 하늘에 달, 경포호에 빠진 달, 술잔에 빠진 달, 임의 눈에 비친 달, 내 마음속에 숨은 달 등 다섯 개의 달을 찾지 못한 것이 못내 아쉽다.

감동적인 시간은 금방 지나간다. 밤 아홉 시가 되니 숙소인 선교장으로 가야 했다.

선교장의 운치 있는 한옥 스테이는 정말 뜻밖이었고 큰 행운이었다. 선교장에서 숙박체험하고 싶은 마음이 상등을 그리워하는 이유 중의 하나였는데 그 선교장에서 그 옛날 식객들처럼 잠을 자게 될 줄 어떻게 알았으랴. 달밤에 활래정의 홍련까지! 꿈을 잘 꾸었던가? 이런 호사를 누리게 해준 주최 측이 한없이 고마웠다.

선교장의 풍류를 말해주는 곳은 화려한 홍련紅蓮을 감상할 수 있는 아름다운 정자 활래정活來亭이다. 고풍스런 활래정 누마루에 앉아서 주렴계의 '애련설'을 음미해보며 연향에 취해 시간을 잊고 싶었다. 달빛 어린 홍련 아래 바람이 스치면 커다란 연잎이 너울너울 부채질을 해주리라. 몇 백 년 세월을 거슬러 교교한 달빛 아래 연지에 걸려있는 다리를 건너며 사랑을 속삭이는 한 쌍의 선남선녀를 그려보았다. 주인공 아씨가 되어 황홀한 사랑을 나눈다면 지나친 비약일까.

한옥사용설명서(?)를 숙지하지 못하고 화장실과 목욕탕이 없다고 우왕좌왕했다. 결국 밧줄 타고 하강한 목욕선녀들 되었다. 몇 십 년 타임머신을 타고 아날로그 목욕 법으로 잊지 못할 추억을 간직하며 정갈하게 마련된 전통한옥에서 양반댁 마님처럼 잠자리에 들었다. '임이 그리워 운다.'는 밤 뻐꾸기 소리가 들렸다. 밤이 으슥한데 달빛은 휘영청 넓은 마당을 가로질러 창호지 문턱을 넘어 들어와서 만리장성을 쌓자 하니 어찌 쉬이 잠이 들겠는가. 첫사랑의 연인처럼 그립던 강릉 선교장의 초가草家에서 전전불매輾轉不寐 만감이 교차했다.

신라의 달밤을 꿈꾸며

과문한 탓으로 내가 경주에 대해서 특별히 알고 있는 것은 많지 않다. '경주' 하면 상식적으로 알고 있는 토함산 불국사의 다보탑, 석가탑, 에밀레종, 첨성대, 안압지, 왕릉, 석굴암 등 국보급 역사의 유적지라는 정도이다. 나 역시 경주불국사를 두어 번 다녀갔지만 단체 여행이란 게 늘 그렇듯 주마간산이었다. 그리고 경주최 씨에 대한 노블레스 오블리주 정신을 기억하고 있어 경주에 대한 이미지는 내게 호의적이었다.

낮에 도착하자 마자 뷔페로 점심을 해결하고 곧장 불국사로 간 덕분에 다보탑과 석가탑을 찬찬히 둘러볼 수 있었다.

다보탑에 외롭게 한 마리만 남게 된 사자상이 세 마리를 일본이 약탈해가서라는 사실도 눈여겨 읽어 볼 수 있었고 석가탑은 엘리베이터 안에 갇힌 것처럼 유리 보호막 건물 안에서 보수 중이어서 일시적이겠지만 고찰의 모습이 훼손되고 있었다. 한 가지 느낀 것은 경상도 지방의 국보는 예산이 충분하니까 건물을 지어서 보수 중에도 철저하게 보호를 받고 있구나 싶었다. 다른 지방에서 문화재나 국보를 보수할 때는 그냥 여느 건축 공사장처럼 적당히 가리고 보수공사를 하고 있는 것을 종종 봐 왔던 터라 석가탑 보수건물이 예사로 보이지 않았다. 불국사의 위용을 자랑하는 남쪽 회랑에서 자하문 누각의 단청과 배흘림기둥의 열주들을 바라보며 그리스 신전들의 석조열주들을 떠올려 보았다. 그리스의 거대한 석조건축물의 웅장함으로 평가받는 반면 우리나라의 아기자기한 목조 석조건축술의 정교함에 찬란한 문화의 긍지를 느낀다.

불이문으로 나오는 길은 녹음 짙은 단풍나무와 소나무 숲에서 불어오는 바람결에 묻어오는 솔향기로 기분이 청량하여 발걸음이 경쾌해진다. 매표소 앞 드넓은 연지에 펼쳐진 연꽃의 향연에 끼어들어 인증 샷을 찍었다.

야경이 압권이라는 안압지에 도착했다. 해가 막 떨어지고 있는 시간이어서 아직은 어둠이 밀려오기 직전이었지만 아름다운 조명들이 물빛에 어리어 임해전은 아름다운 단청을 입고 물속에 누워 있었다. 압압지 주변은 관광객들로 시장통 속이었다. 야경이라 하면 어둠을 전제로 하는 산물이므로 어두워지기 전에 우린 우선 삼삼오오 사진 한 컷을 찍느라고 포즈 잡기에 여념이 없었다. 그러는 동안 안압지의 야경은 진가를 발휘하고 있었다. 임해전의 전경이 호면에 대칭을 이루어 화려하고도 환상적인 모습을 드러냈다. 산책로를 따라 한 바퀴 도는 동안 때마침 소나무에 걸린 조각달도 아름답게 연출해 주고 산새들도 낮인 양 지저귀어 운치를 더해준다. 보는 각도에 따라 다른 표정으로 볼 수 있는 안압지의 야경은 그야말로 황홀경에 빠져들기에 충분했다. 호수 가운데 작은 동산에도 조명등을 비추어 석탈해의 전설이 재현된 듯 신비로움에 매료될 수밖에 없는 경승지였다. 신라의 달밤으로 타임머신을 타고 전설의 본향으로 배회하듯 시간을 잊고 싶은 야경이었으나 아쉬움을 뒤로하고 우리들의 숙소인 양동 민속마을로 향했다.

한국의 양동마을이 유네스코에 등재된 유일한 민속마을이라고 하는데 전주 한옥마을의 숙박시설을 생각하니 비교가 되지 않았다. 재작년 강릉에서 수필의 날 행사할 때도 버스 한 대인 우리 일행만 떼어놓더니 이번에도 역시 소외된 느낌이었다. 그래도 선교장은 의미 있는 고택스테이 체험이라서 인상 깊은 추억이 되었다. 양동민속마을은 1970년대 새마을사업 이전의 시골마을 체험으로 여기기로 하고 서운한 마음을 접었다. 89세 주인할머니를 친척집 할머니로 삼고 청소도 우리가 하고 불편한 것도 극복하기로 했다. 그보다 정다운 사람들과 별채에서 세 명의 별당아씨가 되어 하룻밤 같이한다는 게 모든 걸 감수할 수 있게 해주었다. 긍정적인 생각이 행복으로 이끌었던 나의 생활철학에 기대어 하나밖에 없는 화장실과 욕실에서 열두어 명이 차례를 기다려야 했다. 아날로그 시대로 회귀한 불편함도 지나고 보면 그리운 추억이 되겠지. 동네에서 제일 높은 집에서 본 마을은 달빛 아래 호젓한 초가지붕들이 머리를 맞대 엎드려 있다. 저 아래 연방죽에서 개구리들의 합창제가 열렸나 싶더니 밤 뻐꾸기도 가세한다. 모처럼 시골의 한여름 밤의 향연에 초대된 느낌으로 잠을 설치고 뒤치락거리는데 닭울음소리마저 들린다. 핸드폰을 눌러보니 새벽 두 시도 안 됐다. 옛날 시골 닭은 새벽에 한 마리가 울기 시작하면 여기저기서 닭 울음소리가 났는데 한 마리만 키우는지…… 하다가 잠이 들었다.

시골아침 공기는 달고도 시원했다. 저 아래 초원식당에서 밥

먹을 시간까지는 여유가 있었다. 씻고 화장하는 것 외엔 할 일 없어 고샅을 거닐며 모처럼 한가로운 마음이 되었다. 주부들이 아침밥 준비를 잊을 수 있게 되니 이제야 여행 온 기분이다.

전주와 경주는 '천년의 고도'라는 공통점이 있어 친근감이 있는 도시다. 백제문화와 조선왕조 역사가 깃들어 있는 전주와 신라의 문화 유적과 국보들이 널려있는 경주에서는 서로 다른 색채로 역사의 융성을 말해주고 있었다. 그러나 어디든 빛과 그림자가 있듯이 역사의 보고를 품고 있어 관광객이 넘쳐나는 풍요로운 경주의 식당에서 불미스러운 일이 있었다. 사람을 많이 치대다보니 불친절해졌나 싶다. 경주 최부자 집의 전설적인 인심으로 경주에 대한 좋은 인상에 구름이 드리워졌다. 하긴 몇 백년이 흘렀는데 그 인심을 기대한 게 무리겠지.

주유천하 금강산

금강산! 얼마나 그리워하던 민족의 영산이던가. 마음의 연인처럼 품고 있었던 금강산이었다. 금강산 관광이 시작된 지 벌써 10여 년인데 쉽게 기회가 오지 않았다. 금강산 관광이 처음 시작되던 1998년 11월엔 해로海路를 통하여 하루 코스였으나 2003년 9월부터 육로 관광으로 3일 코스가 가능하게 되었다. 금강산 관광이 우리 부부를 포함한 일행들에겐 참 아슬아슬한 기회의 포착이었다. 우리가 관광을 다녀온 바로 한 달 후 관광객 박왕자 피격사건으로 남북관계가 악화되고 금강산 관광이 중단되는 사태에 이르렀기 때문이다. 한 달만 늦게 계획했다면 금강산의 꿈은 지금까지도 이루지 못했을 것이다. 기막힌 찬스를 포착했던 행운의 추억을 되돌아본다.

금강산관광을 모집한다는 지인의 권유에 심봉사가 공양미 300석 시주를 약속하듯 무조건 신청했다. 여행 날짜를 잡고 보니 마음이 바빠졌다. 여행의 조건 3박자가 맞았으니 마음은 부풀고 설렘의 기다림 가운데 드디어 그날이 왔다.

2008년 6월 12일 오후 1시에 화진포 아산 휴게소에 집결해야 했기에 아침 6시부터 서둘러 리무진을 탔다. 화진포 아산휴게소는 관광객으로 넘쳐났고 조를 짜고 줄을 서서 관광증을 수령하고 2시 30분에야 화진포를 출발했다. 울긋불긋 관광버스가 길게 줄을 이었다. 북한으로 갈수록 민둥산이 전개된 산하에 관광행렬이 그나마 활기를 띠게 한다. 군사분계선을 넘는 마음이 두근거리면서도 묘한 감회에 젖는다. 한 민족에게 극과극의 체제가 그어놓은 국경 아닌 국경선을 통과하느라 수속이 삼엄했고 경계심과 불안을 감내하며 분단의 비극적 실체를 비로소 느끼게 되는 순간이었다. 북측과 남측의 출입국관리 사무소에서 왜소하고 초췌한 북측 군인들은 남한의 청년들과는 체구나 외모에서부터 눈에 띄게 비교되었다. 한민족이라는 연대감에서일까, 마음이 짠했다. 가깝고도 먼 금강산! 분단된 체제 때문에 수속 밟느라 아주 멀리 돌아온 느낌으로 금강산 특구 온정각에 도착했다. 광장에 줄줄이 도착한 관광차에선 화려한 차림새의 관광객들을 수없이 쏟아내고 비로소 관광지답게 활기가 넘쳤다. 때마침 공연하고 있는 평양 교예단의 서커스를 내일 일정과 바꾸어서 관람했다. 청소년들의 묘기가 너무나 기계적이어서 감탄사가 절로 나왔지만 아찔하고 비현실적이어서 손등을 꼬집어보았다. 여느 관광지처럼 깨끗하고 생각보다 멋진 선상호텔 해금강에서 체크인하고 북한식단의 저녁밥은 맛있었다. 이제 자유시간이다. 금강산의 한 자락이 병풍을 두르듯 온정각 관광특구를 둘러싸고 있다. 물결처럼 범람하는 관광객이 남한사람들 뿐이고 종사자들만이 북한사람인데 우리는 철저한 이방인이라는 사실이 서글픔을 더해주는 하룻밤을 맞이한다.

상팔담 가는 길

아! 꿈에 그리던 금강산. 산이 높으면 골짝도 깊다 했다. 우리는 천하절경금강산의 민낯을 향해 본격적인 탐방에 나섰다. 오늘 최종 코스는 구룡폭포까지다. 금강산 구룡폭포는 설악산 대승폭포 개성의 박연폭포와 더불어 조선의 3대 폭포 중의 하나다. 우선 신계사 터를 경유하여 주차장에 도착 목란관, 양지대, 삼록수, 금강문, 옥류동, 연주담, 상팔담, 구룡폭포까지 예정되어 있다.

골산으로 이루어진 금강산 전 코스는 기암괴석이 너무 아름답고 눈을 들면 한컷 한컷이 진경산수화의 파노라마를 이룬다. 길이 좁고 험해서 한눈도 못 팔고 앞사람의 뒤꿈치나 엉덩이에 바짝 붙어 가야 할 정도였다. 상황이 그렇다보니 지어낸 말인지 사실인지 앞사람 방귀 소리만 들었다고 해서 배가 아프도록 웃었다. 두 개의 담潭 모양이 초록색구슬을 연이어 꿰어 놓은것 같다는 연주담連珠潭, 하늘을 나는 봉황모습의 비봉폭포 이름 속에 풍경이 그려지는 옥류동 계곡에선 옥 같은 물이 흐른다. 가는 곳마다 절경이요 청정한 소沼다. 구비마다 전설이 주저리주저리 서려있는 비경이다 계곡의 제일 높은 골짝 구비구비에 사다리를 타고 올라가서야 나무꾼과 선녀이야기의 전설의 진원지 상팔담에 이르렀다. 높은 능선에서 내려다본 절경 속에 여덟 개의 소에 옥류가 담겨있다. 반석위에 물거품을 이루고 흐른다. 바위 위로 흐르는 폭포수는 하얀 천을 늘여 놓은 듯하다. 아홉 마리 용이 날아오르는 구룡폭포, 올라갔다가 내려오는 길은 훨씬 쉽게 느껴지고 시간도 단축된다. 그것은 이제 미지의 세계가 아니라 아는 길이기 때문이다. 아는 길은 이미 두려움도 사라지고 정복한 길이어서 내가 조정할 수 있는 영역이 되었기에 친숙해진 것이다. 여러 경로를 알수록 정복하기 쉬워진 이유다. 목란관에서 점심을 먹기로 했다.

목란관은 평양식과 함흥식 냉면으로 유명한 식당이다. 저만치 목란관이 멋진 그림 한 폭으로 다가온다. 금강산 특유의 바위산을 배경으로 붉은 금강송의 몸피에 진록색 솔잎새로 원형의 현대식 하얀 건물이 운치를 더해준다. 식사는 희망에 따라 먹을 수 있었기에 우리 부부는 동행한 권사님 부부와 목란관에서 함흥냉면을 주문했는데 북새통 속에서 겨우 걸 따지듯 먹었다. '금강산도 식후경'이라지만 시장기하고는 상관없이 맛을 느끼고 여유를 부릴 수 없는 게 흠이었다.

만물상

하늘을 찌를 듯이 빽빽한 금강송 숲 속으로 버스를 타고 갔다. 기골이 장대한 금강송의 숲 속으로 길은 잘 닦여져 있었고 맑은 공기 속에 진한 송진 향내로 머릿속이 맑아진다. 오염되지 않는 청정지역 아름드리 금강송의 붉은 몸피는 잘생긴 장정들이 도열하고 서 있어 사열을 받는 느낌이다. 감탄사가 절로 나온다. 하나같이 곧게 뻗은 소나무들은 특별히 관리하지 않아도 눈이 많이 오는 지역이라 눈이 쌓이면 잔가지가 견디지 못하고 부러지기 때문에 저절로 곧게 자란다고 가이드가 설명한다. 남북이 통일되면 북한의 광물자원과 임산자원도 풍부할 텐데…….

금강산 만물상은 천태만상의 온갖 형상을 지닌 금강산의 모습을 말하다 금강산 일만 이천 봉을 이룬 층암절벽의 돌기둥과 기암괴석으로 만물의 형상을 이룬 골짜기이다.

가이드의 설명을 듣고 보면 기암괴석 사이에서 이름 그대로의 형상들이 온 골짜기를 채우고 있다. 저마다 이름값을 하고 자리를 지킨다. 세 명의 신선 모양의 삼선암, 칠층암, 절부암, 안심대, 하늘문, 천선대, 망양대까지 3킬로미터인데 왕복 4시간이나 걸린다. 그만큼 길이 험하고 어려운 길이기 때문이다. 금강산 관광의 정점을 이루는 코스다.

기암괴석의 바다를 바라보면 천혜의 경관이 한마디로 불가사의다. 금수강산 대한민국의 대표적인 산으로 금강산, 봉래산, 풍악산, 개골산, 봄 여름 가을 겨울 계절마다 다른 이름을 갖고 있는 것도 금강산이 유일하다. 절벽 사이사이 척박한 환경에서 뿌리를 박고 살아가는 나무들을 보면 그 생명력에 무릎을 친다. 진경산수화속에 살아있는 분재의 소나무들이 기암괴석과 굽은 소나무 잎새를 배경으로 에메랄드빛 하늘엔 구름 한 송이가 피어 오른다.

삼일포의 견물생심

삼일포를 가는 길이었다. 옹색한 바위를 타고 오르는데 바위솔이 손에 잡혔다. 쉽게 만날 수 없는 없는 식물이라 눈이 번쩍 띄었고 견물생심이라고 욕심이 났다. 앞뒤 안 가리고 채취를 했다. 이제 이것을 어떻게 가지고 갈까 하는 궁리만 머릿속을 맴돈다. 문익점이 목화씨를 붓통에 몰래 들여왔다는 역사가 생각난다. 어떻게든 안 들키고 가져가리라. 일차적으로 가이드와 상의를 해야겠지. 남편한테도 말도 안 하고 혼자서 별 궁리를 다했다. 북한 안내한테 달러를 주고 사정을 해볼까 욕심은 굴뚝같지만 아무리 생각해도 위험하고 허황된 꿈이었다. 옥빛 호수 같은 절경을 끼고 삼일포를 돌아 나올 때까지 이성적 양심과 갈등한다. 공익을 간절히 생각했던 문익점의 목화씨의 대의명분과 나의 개인적 희열에 의한 욕심은 아무리 견주어보아도 명분이 서지 않는다. 뿐만 아니라 엄격한 여행수칙에 금물인 행위로 인해 야기될 위험천만한 발상! 이건 아니다 싶은 양심의 소리가 나를 서서히 일깨운다. 살며시 움켜쥔 솜털 포동포동한 바위솔을 바라본다. 욕심이 화를 부른다는 철칙을 생각하며 이성을 되찾았다. 바위솔의 경우 한번 뿌리박으면 그 주위에서만 번식해 갈 수 밖에 없을 텐데…….

강제 이주당한 고려인들의 운명처럼 졸지에 만물상 골짜기로 이거하게 된 바위솔에게 미안한 마음이다. 하지만 이제 엎실러 버린 물이 아닌가? 본래의 터전만은 못하지만 비슷한 환경이니 차선책을 찾을 수밖에 그리고 나를 합리화 시킬 명분을 찾아본다. 삼일포에서 만물상까지 내 덕분에 더 넓은 세상구경하며 외연을 넓혀 사는 것 행운 아니냐? 조금 뻔뻔해진 마음으로 삼일포의 바위솔을 만물상 골짝에 가만히 심어주며 땅심 받아 잘 살아나기를 기도했다. 남한의 어떤 관광객의 일시적 욕심으로 만물상 골짝으로 이거하게 된 바위솔 ! 이 또한 삼팔선 이남으로 흩어진 이산가족의 운명을 생각하게 했지만 한편으론 마음이 후련하였다. 죄 짓고 어찌 사람이 살아가는지 견물생심으로 순간적 욕심을 부렸던 마음으로 복잡했던 심사가 평안해졌다. 하루를 두고도 예기치 않은 고뇌에 휩싸이게 된 인생사 욕심이 아니면 겪지 않아도 될 견물생심이 문제로다.

전주 한옥마을을 순례하며

약속장소는 한옥마을 쉼터였다. 평일인데도 골목마다 인파로 생기가 넘친다. 관광객을 모으고 경기를 활성화 했다는 점에서 성공적이라고 자랑이지만, 상혼에 치우친 나머지 전주한옥의 고유성이 많이 훼손된 것 같아 안타깝다. 국적불명의 먹거리들이 난립해서 수학여행단들은 인터넷에 뜬 맛집 순례로 장사진을 이루고 밀려드는 인파로 불친절하다는 느낌이 든다. 과연 얼마나 오래도록 관광특수를 누리게 될지 염려도 된다. 경기부양과는 상반된 생각이지만 한옥마을에 대한 이미지는 고즈넉하고 적막한 골목길에서 옛 향취를 더듬어 보고 싶을 터이다.

그래서 한옥마을에 대한 평가는 양극적일 수밖에 없다. 지자체에선 경기부양과 관광활성화의 측면에서는 갈채를 받을 만하지만 전통 한옥마을에 대한 이미지를 훼손하지 않고 지속적 관광객 유치를 위해 상인들이 합심하여 고민해야 할 숙제인 것 같다.

시간이 넉넉하다 싶어 중앙초교 담벼락에 전북배경의 영화촬영 장면들을 전시해 놓고 있어서 훑어보다가 발걸음을 재촉했다. 정시에 도착했으나 많은 회원이 모여 있어서 지각한 느낌이다. 한옥마을 해설은 몇 번 들을 기회가 있어서 문화 해설사 같이 줄줄 욀 정도는 아니지만 대충 알고 있어서 새삼스런 정보는 아니었다. 일행들은 먼저 오목대 둘레 길로 문화 해설사를 앞세우고 유치원생들처럼 졸졸 따라 올랐다. 오목교 입구에서 건너편 이목대를 바라보며 오목대의 유래를 들었다. 잘 알려진 대로 이목대가 있는 자만동은 태조의 5대조인 목조 이안사의 출생지이기도 하다. 오목대는 태조 이성계가 남원운봉의 황산대첩에서 대승을 거두고 한고조의 유방이 불렀다는 〈대풍가〉를 부르며 승전 자축연을 베풀던 곳이다. 지방기념물16호로 고종의 친필 비석(太祖高皇帝駐蹕遺址)이 비각과 함께 있다. 고종의 친필을 만나기가 어디 쉬운 일인가. 그런데 비각 주위의 보호 레일이 넘어진

채로 있어서 쯧쯧 혀를 찼다.

태조로太祖路나 은행로銀杏路 등의 중심가엔 상가들이 성시를 이루어서 여느 관광지와 마찬가지로 한옥마을이라는 걸 느낄 수가 없었다. 그러나 오목대에서 내려다 본 한옥마을은 고풍스런 기와지붕으로 한국의 주거문화가 어우러져 천년고도의 정기가 오롯이 남아 있었다. 전주 한옥마을은 총 650여 채라고도 하고 700여 채라고 하지만 오목대에서 둘러보니 내 짐작으로는 그렇게 보이진 않았다. 연둣빛으로 어우러져 가는 오목대 숲이 실루엣으로 아른거린다. 숲 속으로 이어진 데크 길을 따라 향교 쪽으로 내려왔다. 곧 바로 경기전으로 단체입장을 해서 하인들이 기거하던 마당에서 전동성당을 바라보며 해설을 들었다. 전주의 명문 초등학교 건물이 있던 자리에 학교를 다른 곳으로 이전하고 지금의 건물로 복원한 지도 벌써 몇 년이 지난 건물이다.

경기전 진전眞殿을 둘러봤다 그곳엔 왕들의 가마와 어진이 있었다. 어진이 보존된 곳은 경기전이 유일하기에 경기전의 가치를 높이 평가한다. 오랜 세월 경기전을 지켜온 고매가 있는 쪽문으로 나와 어진박물관을 휘~ 이 한 바퀴 둘러봤다. 임금님의 행차 의궤를 살펴보다가 나오니 저만치 일행들의 꽁무니가 보일 뿐 식당 이름도 모르고 멀리도 간다 싶었는데 6,000원짜리 백반

집을 찾느라 향교 골목까지 갔었던가 보았다. 한옥마을에서 6,000원짜리 백반은 어쩌면 그 집이 유일할지도 모른다. 우리 두세 사람이 제일 막차로 도착하여 다섯 명이 한상에 앉자니 자리가 옹색했다. 코너에 그냥 앉아서 먹으려는데 젊은 동기가 기어이 상석을 양보한다. 요즘 젊은 사람들 장유유서를 모른다고 하지만 역시 글 쓰고 지도하려는 사람들이라 다르다는 걸 느꼈고 내가 경로우대 받을 처지라는 게 잘 접수가 안 된다. 버스를 탈 때 좌석이 없어도 양보 받을 마음은 추호도 없다. 아직 다리도 짱짱한데 극구 사양해도 학생들이 기어이 일어나는 걸 보면 그들의 도덕성에 갈채를 보내면서도 나이가 들어 뵈는 건 어쩔 수 없나 싶어 서글프다.

음식 맛도 좋고 도우미는 반찬접시를 비웠는가 싶으면 인심 좋게 채워놓곤 했다. 첫 수업 때 함께 앉았던 짝꿍이 딸과 동갑인데 간혹 수업 때 따로 앉아도 눈매가 다정했다. 한 번 짝꿍은 끝까지 짝꿍인 것을 암묵적으로 확인하곤 했었다. 현장학습 끝나고 팔달로로 나오면서 팔짱을 낀 그녀가 딸처럼 느껴진다. 딸을 만난 이 느낌! 이거야 말로 횡재한 현장학습이었다.

종횡무진 세비야

스페인이라는 나라는 유명한 도시가 많다.

세빌리아! 많이 들어본 이름이라 친근감이 있는 도시 바로 '세비야의 이발사'의 도시에 도착한 것이다.

스페인 남부의 투우와 플라멩코의 본고장이며 스페인4위의 도시로 안달루시아 주에 속한다. 과달키비르의 긴 강을 따라서 대서양까지 선박이 운행되고 있는 내륙 항구도시로서 남국의 독특한 정취를 느낄 수 있는 곳이다. 전형적인 지중해성 기후로 여름엔 거의 비가 오지 않는다고 한다. 길가에 차를 대놓고 1시간가량 여유를 주었다. 건너편에는 1세기를 넘게 건축했다는 16세기

정교한 건축물 세비아 대성당이 유명세를 과시하고 있다. 안에는 나무상자에 금으로 도금하여 황금빛이 빛나는 성채가 있으며 콜럼버스의 관은 사자상이 조각돼 있었다. 우리는 배가 떠 있는 항구 쪽을 바라보며 여유롭게 벤치에서 아름다움에 도취해 있었다. 2월인데도 장미넝쿨이 무성하고 어디를 보아도 열대식물이 무성한 이국적 풍광은 여행의 즐거움을 더해 주었다. 세비아는 모차르트의 〈피가로의 결혼〉, 로시니의 〈세비야의 이발사〉 비제의 〈카르멘〉 등 여러 오페라의 무대가 되었던 유럽인들의 동경의 도시로 더욱 유명한 지역이다. 관광객이 붐비는 광장 입구에 있는 기념품가게에서 5유로짜리 기념접시 두 개를 샀다. 친구네 부부는 마블로 된 장닭을 기념품으로 샀는데 이곳에서도 닭이 어떤 상징성이 있는 듯했다. 영어로 '세빌라'라고 새겨진 내 기념접시에는 세비아의 랜드마크라 할 수 있는 스페인 광장과 유네스코 문화유산으로 지정된 대성당 그리고 황금탑 사진이 화려한 색채로 정교하게 그려져 있고 한쪽엔 남녀가 플라멩코를 추고 있는 장면도 있다. 작은 접시에 세비야 관광을 총망라해 축소해 놓은 것이어서 망설이지 않고 값을 지불하였다. 버스로 이동하면서 친절한 가이드는 통과하는 지역의 역사와 정치 문화 예술과 인물 등을 쉴 새 없이 테이프 돌아가듯 설명하는데 경이롭기까지 하다. 꿰어대는 가이드의 기억력이 놀라웠고 움직이는 백과사전 정도라야 가이드를 할 수 있겠다 싶다. 실제로 그가 들려주는 정보가 큰 도움이 되었다. 예를 들면 스페인 출신 플라시도 도밍고나 호세 파바로티에 대해 더 관심을 갖게 되고 친근감으로 각인이 되어서 百聞이 不如一見 이라는 말을 실감하게 된다. 여행을 통해서 얻는 지식이나 감명은 자아를 성숙하게 하고 나의 식견을 한 차원 높여 주는 기회로 무리를 해서라도 여행은 다니고 볼 일이라고 생각한다. 1992년 만국박람회를 개최했다는데 한국관도 볼 수 있어서 반가웠다. 페르난도 이세벨 상징의 두 탑과 포에니전쟁을 표현한 그리스양식의 조각물도 볼 수 있었다. 스페인 광장의 섬세한 조각상들도 많은 볼거리였고 웅장하고 정교한 히랄다 탑이나 세비야를 지킨다는 망루 황금탑과 스페인 광장을 반원으로 에워싼 규모가 어마어마한 기둥을 단출한 객사 기둥과 비교해 보며 종횡무진 사람의 물결 속에 떠밀려 다닌다. 세비야를 상징하는 건축물들에는 역사가 새겨져있고 가는 곳마다 웅장하고 섬세한 건축물들에는 그 나라의 융성했던 문화의 전성기를 말해주고 있었다.

해외에서 생긴 일

각 나라마다 여행사를 통한 단체여행코스는 거의 정해져 있어서 비슷한 경로를 여행하게 마련이다. 일본여행으로 가장 가기 쉬운 코스로 대마도나 벳부를 꼽을 수 있다. 일본에 대한 배타적 국민감정이 있지만 해외여행이 빈번한 이 시대에 여행지까지 배척할 필요는 없는 것 같고 일본과 경쟁 하기 위해서는 일본에 대한 견문을 넓혀야 한다는 생각이다. 과거사에 대한 일본정부의 사죄는커녕 아직도 현재진행형으로 우리의 국익을 해치고 있기 때문에 배타적 숙명일수밖에 없는 한일관계다. 정부 차원이 아닌 개인으로서 대할 때 일본에서 살다 온 사람들은 일본인에게서 배울 점이 많다고 하나같이 말한다, 거리로는 가깝고 마음으론 먼 나라!

부부동반으로 온천욕을 겸하여 큐슈 지방을 여행하기로 했다.

어둠이 내리기 시작한 부산항에서 뉴카멜리아 호화 여객선에 올랐다. 밤을 도와 현해탄을 건너 시모노세키로 항해할 예정이다. 쾌속으로 파도를 가르는 뉴카멜리아 여객선에서 멀어져가는 찬란한 불빛의 부산항이 일직선의 지평선으로 아득히 멀어져갔다. 눈부시게 발전한 거대도시 부산의 야경을 바라보니 관광의 설렘보다 오히려 마음이 착잡해짐은 왜 일까? 시모노세키로 나를 데려다 줄 호화 여객선은 옛 부釜-관關 연락선도 아니고 물도 옛 물이 아니건만 전쟁물자와 곡물의 수탈의 길이요, 광산노동자로 정신대로, 학도병으로 끌려가던 화면이 겹쳐오기 때문이다. 나라 잃은 민족의 피눈물 뿌리던 뱃길이었던가를 생각하면 편한 마음으로 야경에 취할 수가 없었다. 일제강점기 부관연락선을 타고 떠났던 조상들의 한 많은 사연들을 파도가 말해주듯 육중한 배가 출렁거린다. 10여 명이 잘 수 있는 다인실에 몸을 부리고 누웠으나 좀처럼 잠이 들지 않는다. 파도가 심하면 멀미를 할 텐데 조금 염려가 되었다. 민족수난의 역사생각이며 불편한 잠자리와 파도까지 심란한 중에도 어찌어찌 잠이 들었나 보다. 배에서 하룻밤을 잤으니 둘째 날부터 본격적인 여행이 시작되었다. 첫 방문지인 우사신궁(성황당)은 스기나무 껍질의 지붕들이 인상적이고 산뜻해보였다. 스기나무(삼나무) 수명이 40년까지 간다고 하니 경관도 특이 하지만 경제성도 대단한 건축자재인 셈이다. 정원도 깨끗하고 연방죽이며 정원수들도 우리나라와 흡사해서 잘 조성된 한국의 어느 사찰과 별반 다르지 않았다. 경내로 향한 길목에서부터 까마귀들이 울어대는데 흉조라고 인식한 우리나라 정서와는 다르게 일본인들은 까마귀가 길조라고 한다. 까마귀 흔한 일본이니까 굳이 불쾌하게 생각해서 여행을 잡칠 필요는 없다고 마음먹기로 했다. 로마에 가면 로마법을 따르라 했듯이.

두 번째 코스였던 히가시시아노 폭포는 명주 한 폭을 풀어 놓은 것처럼 한얀 비단결이 곱다. 87미터 낙차라고 하나 가물었는지 유량이 많지 않았지만 맑고 이끼 낀 풍광이 시원스럽다. 조약돌까지 보일 정도로 투명하게 바닥이 비친다. 바위를 돌아 흐르는 물에 손을 씻고 바위에 걸터앉아 사진도 찍고 여유를 부리며 잠시 풍광의 일부가 되었다.

까마귀는 우리에게 흉조의 이름값을 하려는 건가? 즐거운 여행이 되기 위해선 누구와 가느냐가 중요한 요소라는 걸 절감하게 하는 사고가 발생했다. 우리 팀과 전주에서부터 합류하게 된 서울 효도관광 팀(70-80대)하고 폭포를 돌아보고 오는 길에 서울 팀 할머니가 낙상을 했다. 일행 중 다부진 남자가 업어서 관광버스에 태우고 병원으로 향했다. 버스 가까이 와서 다쳤으니 망정이지 먼 길을 업고 가야 했더라면 단단히 고생했을 터였다. 한 시간 가까이나 이동하여 벳부 시에 있는 병원에 도착했다. 엑스레이 찍고 필요한 검사며 응급조치 하느라 일행들이 두 시간이나 기다렸다. 그동안 벳부 만 해변을 서성이자니 별 생각이 다 든다. 한치 앞을 모르는 게 인간사人間事라더니 아들이 보내준 효도 관광 왔다가 관광 첫날부터 골절상을 입었으니 응급조치만 하고 귀국하는 심사가 어떨까. 마음이 짠하다. 사고는 운이 나쁘면 젊은 사람도 당할 수 있지만 노인들이 실족하기 쉬우니 나이 많으면 피곤하여 여행도 자유롭지 못하고 본의 아니게 민폐를 끼칠 수밖에 없다.

사람의 마음이란 현실에 입각하여 기대치를 조절할 수 있는 지혜가 있다는 게 얼마나 감사한 일인지. 다쳐서 여행 못 하고 귀국한 할머니가 만약에 비운으로 돌아가셨다면 어찌할 것인가. 생명의 위태함에 비하면 여행 못한 건 아무것도 아니지 않는가. 그렇게 생각하면 여행 왔다가 그만하기 불행 중 다행이라고 입을 모은다.

버스를 타고 오이타[大分]현 시내를 관통할 때 일본어 공부하고 있는 중이라 말은 못 해도 간판들이 눈에 들어오니 한자건 일본어건 읽을 수 있다는 게 얼마나 감사한지. 중국 산동성에 갔을 때 마사지 받으면서 한자로 써서 주고받으며 의사소통이 되자 현지 마사지사들이 더 좋아하며 박수를 치던 기억이 떠올라 흐뭇했다. '배워야 산다! 아는 것이 힘이다.' 어릴 때 많이 듣던 말들을 새삼스럽게 실감했다. 유후인 마을에서였다. 우리로 치면 한옥마을 같은 일본의 전형적인 정원을 둘러볼 때였다. 비는 쏟아져서 우산을 받고 기념품 가게의 기념품들을 구경하며 해찰을 했는가? 일행들을 놓쳤다. 유후인 거리를 배회하며 일행들을 찾으러 다니다. 나를 시험하고픈 생각이 들었다. 아마도 발음이나 억양 때문에 못 알아들으리라 하면서도 부딪쳐 보기로 했다. 미술관을 간다고 했는데~. 미술관을 어디로 가나요? 라고 물어봐야지! "美術館 びじゅつかんゑどこに行きます?" 잘 못 알아듣겠다는 표정으로 양손바닥을 보이며 어깨를 치켜올린다. 혹시나 했더니 역시나! 실패는 했지만 난생처음 일본인에게 말을 걸어본 것으로 만족해야 했다. 미술관은 찾는 것은 포기하고 시간이 남았기에 유리공예품점을 들어가 구경을 했다. 일행을 잃은 사

람치고 자못 여유롭다고 생각되었다. 시간이 가까워 주차장을 찾아갔더니 일행들이 거의 와 있었고 남편은 애가 탄 모습이다. 언어소통도 못 하면서도 왠지 겁이 나지 않은 게 참 신기하다. 일본어를 배울 때 일본 사람들은 여성에게 친절하고 잘 보호하기 때문에 걱정하지 않아도 된다고 여러 번 들었기 때문일 게다. 단어생각이 안 나면 한자를 쓰든 히라가나를 쓰든 아니면 국제 공용어 바디 랭귀지로 통하면 되겠지 하는 자신감이 조금은 있었던 것 같다. 길을 잃고도 두렵지 않았던 건 주거환경이나 문화가 비슷하기 때문이 아닌가 하는 게 가장 큰 이유인 것 같다. 중국이나 일본은 풍경도 비슷하고 대부분이 우리나라 들꽃이나 나무, 새들도 눈에 띄니 얼마나 반가웠던지. 여러 지방을 많이 다녀 보지는 않았지만 마치 이웃 동네 온 것 같이 착각할 정도다. 글씨 좀 안다고 두려움이 없다는 게 내가 생각해도 신통방통 '아는 것이 힘'이 되었던 작은 경험이다.

반대의 경험 한 토막, 스페인 비행기를 탔을 때 일이다. 우리나라 여객기보다 훨씬 좁은 통로로 기내 서비스하는 승무원에게 영어로 토마토 주스를 청하고 싶은데 영어로 토마토가 뭐지? 아무리 생각해도 떠오르지 않는다. 대신 아, 밀크를 달라고 해야지 문법은 맞는지 모르겠고 다짜고짜 "플리스 기브 미 밀크!" 했더니 여자 승무원이 혀를 꼬부리며 "밀~?" 하기에 외국 사람들 발음은 혀를 꼬부리고 우리가 듣기에 애매하게 혀를 굴린다지? 나는 주저할 것 없이 "옛썰!!" 하는 순간 동공이 커진 눈으로 캔 맥주를 받아들자 아까부터 검은 두루마기자락을 펄럭이며 거구의 유태인이 내 자리를 침범할 때부터 웃음을 참느라 애쓰던 동료들이 더는 못 참겠다는 듯 우스워 죽겠단다. Beer를 Milk로 알아듣고 제대로 반식자우환半識者憂患이 되었다. 나중에 생각하니 영어로 토마토를 그냥 토마토 하든가 토메로~ 하면 될 걸. 이 또 얼마나 배꼽 빠질 시츄에이션인가? 외국인과의 소통은 역시 어렵다 토익 900점 이상인 엘리트들도 미국에 가서 실전에 입이 안 떨어진다는데 무슨 배짱과 용기가 어디서 발동한 건지 역시 무식하면 용감하다는 말 내 경우가 아닌가 싶다.

가깝고도 먼 나라! 듣던 대로 친절하고 검소하며 질서가 있는 국민의식은 높이 평가하고 싶다. 예기치 않은 사고를 당한 서울팀 할머니를 보니 한 살이라도 젊었을 때 여행도 해야겠다. 비 내리는 유후인 거리를 배회하면서 소통에 대해 많은 것을 생각하게 한 여행이었다.

카지노 가는 길
- 라스베이거스

경험보다 좋은 선생은 없다. 선인들도 백문불여일견百聞不如一見이라 했다. 백번 듣는 것보다 한 번 보는 것이 확실하고 보는 것을 거쳐 체험해 보는 것이 한 단계 높은 지식체계다.

일탈을 꿈꾸는 여행도 확실히 알기 위한 경험의 한 방편이라고 말할 수 있다. 세계 곳곳을 찾아 발로 뛰는 경험의 가치가 소중하기에 기꺼이 시간을 투자하고 비용을 치르면서 행차를 한다. 외국여행 중 같은 곳을 두 번 하기란 쉬운 일이 아니기에 미국 서부여행이 아마도 내 생애 처음이자 마지막일 거라고 생각한다. 여행기간 동안 여행사의 추천 옵션까지 경험할 것은 다 해

보려는 심산이었다.

넓이가 170만㎢ 규모의 유니버설 스튜디오를 구경하기 위해 전용 버스로 한 시간 동안 세트장을 돌았다. 주요시설만 대충구경해서 그렇지, 하도 규모가 커서 나 구경하자면 하루 종일도 부족할 것 같다. 유명 영화 촬영장들도 인상적이었지만 특히 심슨라이드의 스크린 4D 입체영상체험을 할 땐 하나같이 괴성을 지르며 스릴을 즐겼다. 마치 은하철도 999를 탄 듯 짜릿한 경험이었다.

단체관광 코스로서 맨 차이니스 극장의 헐리우드 배우들의 손발바닥 모양을 본뜬 관광지로 이름난 거리에서는 입시생이 합격자 명단 찾듯 아는 배우 이름을 찾느라고 집중했다.

라스베이거스로 가기 위해 고속도로를 따라 끝없이 이어지는 야생보호 철조망 밑에는 상수도관과 전기선 등이 매설되어 있는데 모하비 사막을 가로질러 라스베이거스까지 이어진다고 한다. 멋진 신세계를 건설하기 위해 탄탄한 기반시설은 필수적이리라.

낯익은 것이라고 아무것도 없는 곳에서 낮달을 보니 얼마나 반가운지 캘리포니아에서 네바다 주, 애리조나 주까지 낮달이 중천에 떠서 계속 따라온다. 이름 모를 작은 도시들이 고층빌딩이 없고 단층 지붕색이 단조로운 게 특징이랄까. 평화로워 보이는 전원주택들이다. 땅이 넓으니 대도시를 제외하고 주거지역을 높은 빌딩으로 지을 이유가 없겠다 싶다.

미드 호를 통과하고 후버댐의 다리를 건너면 네바다 주에서 애리조나로 진입하니 청소년시절 〈애리조나 카우보이〉 노래를 가르쳐준 아재 생각이 났다. 끝없이 펼쳐진 광야에선 노랫말처럼 카우보이가 말을 타고 달려올 것 같고 〈황야의 무법자〉의 영화장면도 겹쳐온다. 높고 낮은 산 그림자에 역광이 드리우니 몽환적 분위기를 연출한다. 저 언덕 너머에 낙원이 있을 것 같은…….

모하비 사막은 '가도 가도 끝이 없는 모래' 언덕으로만 알고 있던 사막의 개념을 새롭게 인식하게 해주었다. 모하비의 그것은 이집트의 사막처럼 모래사막이 아니다. 물론 워낙 넓다 보니 모래언덕이 끝없이 펼쳐져 있는 곳도 있겠지만 바다가 육지로 변한 땅이어서 염분이 많다. 바다의 해초가 오랜 세월이 흐르면서 선인장이 되었다. 사막의 척박한 토질 샌드스톤이 넓게 퍼져 있는 곳도 지나면 선인장류도 많고 소나무처럼 키 큰 선인장들도 많다. 비옥한 곳을 찾아 건기에는 말라서 모래바람에 굴러다니다가 우기에 살아남는다고 한다. 선인장 자체가 점액질이어서 생명력이 강하고 건기에도 강인한 생존전략으로 수명이 길다.

이민1세대 의지의 한인들이 선인장의 일종인 알로에 농장에서 일하면서 선인장의 강인한 생명력을 닮고자 했는지 모르겠다.

라스베이거스는 미국 네바다 주 남동부 모하비 사막에 우뚝 세운 340만㎢의 넓은 도시로 후버 댐이 완성된 1936년 이후 도박장이 늘어나면서 관광 환락가로 각광을 받았다. 덕분에 네바다 주의 최대 재원이 된 사막 휴양관광지로 불야성을 이루는 도시다.

라스베이거스의 호텔들은 하나같이 어마어마한 규모와 저마다의 조형 특징으로 야간의 경관은 화려함의 극치를 이룬다. 실물 에펠탑 절반 크기로 에펠탑과 개선문, 베르사이유 궁전 본관을 본뜬 팰리스 호텔, 카지노 중 가장 큰 규모의 MGM그랜드호텔은 밤마다 KA쇼 〈태양의서커스〉가 블랙홀처럼 관람객을 빨아들인다. 벨라지오 호텔 앞 분수 쇼의 장관은 라스베이거스 야경의 단골메뉴이고 어느 호텔에서든 거의 조망이 가능한 중앙에 위치해 있다.

카지노에서 슬롯머신에 도전해 보는 건 내 버킷리스트에 올라 있는 꿈 중의 하나다. 고스톱도 못하는 사행문화에는 문외한이지만 설령 일행들이 아무도 안 해도 나만은 꼭 경험해 보고 싶은 게임이었다. 우리가 투숙한 호텔도 규모가 크기는 마찬가지 호텔 내의 카지노 도박장으로 안내되니 기본서비스로 맥주가 나오고 사용법도 가르쳐준다. 난생처음 슬롯머신 이용법을 터득했다. 도박 목적이 아니어서 20불을 가지고 도전을 했는데 어찌어찌 해서 30불을 땄다. 봉사 문고리 잡듯 슬롯머신으로 돈을 따다니 꿈같은 일이다. 기분은 말할 수 없이 좋았으나 정신이 혼미하고 한편 불안하다. 집에 가서 자랑하려면 이 돈은 절대 쓰지 말아야지. 도박이란 따면 딴 재미에, 잃으면 본전 생각하다가 유혹의 수렁에 빠지게 된다고 한다. 시간이 얼마나 지났는지 여기저기 자리 잡고 슬롯머신에 도전하던 일행들이 안 보인다. 방향감각도 모르겠고 휘황찬란한 카지노에 사람이 바글바글, 객실 찾아가기도 정신이 아득하다. 불야성을 이루는 카지노에서 출구를 겨우 찾아 숙소로 가던 중에 사람들을 챙기느라 엘리베이터 앞에 서 있는 가이드를 만났다. 일행을 놓치면 전화도 없고 난감하다. 일행들의 일정에 차질을 빚고 민폐가 이만저만이 아니다. 기분 좋은 여행을 위해선 단체에서 이탈하지 않도록 신경 쓸 일이다. 오늘은 운수 좋은 날! 내 생애 버킷리스트에 밑줄을 쫙 긋는다.

대체로 맑음

박순희

인쇄 2016년 10월 24일
발행 2016년 10월 28일

지은이 박순희
발행인 서정환
펴낸곳 수필과비평사
주소 전북 전주시 완산구 공북 1길 16(태평동 151-30)
전화 (063) 275-4000 · 0484 · 6374
팩스 (063) 274-3131
이메일 shina2347@naver.com sina321@hanmail.net
출판등록 제465-1984-000004호
인쇄 · 제본 신아출판사

ISBN 979-11-5933-058-2 03810
값 13,000원

이 도서의 국립중앙도서관 출판예정도서목록(CIP)은 서지정보유통지원시스템 홈페이지(http://seoji.nl.go.kr)와 국가자료공동목록시스템(http://www.nl.go.kr/kolisnet)에서 이용하실 수 있습니다.(CIP제어번호: CIP2016025976)

Printed in KOREA

이 책은 전라북도 문화관광재단의 문예예술진흥기금을 지원 받았습니다.